Eine Bildreise

Georg Jung

Der Darß, Fischland und Zingst

Ellert & Richter Verlag

Autor/Quellen/Bildnachweis/Impressum

Georg Jung, geb. 1945 im Sudetenland, lebt als freier Reiseschriftsteller und Fotograf in Hamburg. Ausgedehnte Reisen in Europa, Neuseeland/Polynesien und Alaska. Veröffentlichungen von Reiseberichten und Bildbänden. Im Ellert & Richter Verlag erschienen bereits seine Bildreisen „Rügen", „Auf Johann Sebastian Bachs Spuren", „Der Harz", „Auf Theodor Fontanes Spuren", „Mecklenburg-Vorpommern" sowie die Bildbände „Das große Rügen-Buch" und „Usedom".

Titelbild
Eine Zierde im Ostseebad Zingst ist das blaue Haus in der Störtebeker Straße. Es wurde um 1700 gebaut und 1930 rekonstruiert.

Quellen
Becher, Johannes R.: Auf andere Art so große Hoffnung. Tagebuch 1950. Berlin 1952
Braß, Hans: Das Ahrenshooper Gesicht. Mecklenburgische Monatshefte 3, 1927, Rostock
Bülow, Kurd v.: Darß und Zingst. Kosmos 33, 1936
Droß, F. W.: Von mecklenburgischen Schiffersleuten. Mecklenburgische Monatshefte Nr. 7, 1931, Rostock
Fukarek, Franz: Die Vegetation des Darß und ihre Geschichte. Jena 1961
Gerds, Peter/Gehrke, Wolf-Dietrich: Vom Fischland in die Welt. Rostock 1984
Glander, Hermann: Land zwischen Meer und Bodden. Leipzig 1980
Glander, Hermann: Ahrenshoop. Maler entdecken ein Dorf. Schwerin 1967
Glander, Hermann/Venzmer, Erich: Ahrenshoop. Schwerin 1963
Hagemeister, Gerhard: Der Märchenwald. Mecklenburgische Monatshefte 7, 1931, Rostock
Hauser, Heinrich: Brackwasser. Hamburg 1957, (Ersterscheinungsjahr 1928)
Kasten, Herbert A. W.: Der Darß. Radebeul und Berlin 1952
Knupp-Uhlenhaut, Christine: Ahrenshoop, Darß und Fischland. Ausstellungskatalog. Norddeutsche Künstlerkolonie III. Altonaer Museum, Hamburg. Norddeutsches Landesmuseum 1978
Kuithan: Beiträge zur mecklenburgischen Heimatkunde. Mecklenburgische Monatshefte 4, 1928, Rostock
Miethe, Käthe: Das Fischland. Rostock 1947
Müller-Kaempff, Paul: Erinnerungen an Ahrenshoop. Mecklenburgische Monatshefte 2, 1926, Rostock
Ringeling, Gerhard: Fischländer Volk. Rostock 1943
Ringeling, Gerhard: Seefahrend Volk. Berlin 1938 (2. Aufl.)
Rudolph, Wolfgang: Die Boote der Gewässer um Rügen. In: Peesch, Reinhard: Die Fischerkommünen auf Rügen und Hiddensee. Berlin 1961
Scheffelke, Jörg: Zingst als Badeort. In: Zingster Heimatheft Nr. 5 „110 Jahre Badewesen Ostseebad Zingst". Greifswald 1991
Schlüter, Ernst: Wanderung von Müritz nach Wustrow. Mecklenburgische Monatshefte 1, 1925, Rostock
Schuh: Die Ostsee und ihre Geschichte. Mecklenburgische Monatshefte 4, 1928, Rostock
Schulz, Friedrich: Ahrenshoop. Bunte Stube Ahrenshoop 1990
Thorwald (Pseudonym v. F. v. Suckow): Winterliche Reisebilder oder Acht Novembertage am Nordstrand: auf dem Darß, dem Zingst und Hiddensee. Sundine 5, 1831 und 6, 1832 (Darß und Zingst werden im Band 5 auf S. 413–415 und im Band 6 auf S. 12f., 20f., 28ff. und 36f. behandelt.)
Venzmer, Erich: Ahrenshoop und die Halbinsel Darß an der Ostsee. In: Wietek, Gerhard: Deutsche Künstlerkolonien und Künstlerorte. München 1976
Wehrs, August v.: Der Darß und Zingst. Sundine 18, 1844, Stralsund (Bei dieser Veröffentlichung handelt es sich um eine gekürzte Wiedergabe der Arbeit „Der Darß und der Zingst, ein Beitrag zur Kenntniß von Neuvorpommern". Hannover 1819.)
Wietek, Gerhard: Deutsche Künstlerkolonien und Künstlerorte. München 1976
Winkler, Hermann: Zeesboote. Rostock 1986

Bildnachweis:
Farbfotos:
Georg Jung, Hamburg
S/W-Fotos:
Archiv Bunte Stube/Andreas Wegscheider, Ahrenshoop: S. 54, 55
Georg Hülsse, Ahrenshoop: S. 7, 56
Kulturhistorisches Museum Rostock: S. 36, 79
Stiftung Pommern, Kiel: S. 9, 29, 48, 49

Bibliographische Information der Deutschen Nationalbibliothek
Die Deutsche Nationalbibliothek verzeichnet diese Publikation in der Deutschen Nationalbibliografie; detaillierte bibliografische Daten sind im Internet über http://dnb.d-nb.de abrufbar.

ISBN 978-3-8319-0440-2

Text: Georg Jung, Hamburg
Lektorat: Dorothee von Kügelgen, Hamburg
Gestaltung: Büro Brückner + Partner, Bremen
Lithografie: Litho Service Bremen GmbH, Bremen; SMS Scheer Medien Service GmbH, Bremen
Karte: THAMM Publishing & Service, Bosau
Satz: KCS GmbH, Buchholz/Hamburg
Druck: Girzig + Gottschalk, Bremen
Bindung: S. R. Büge GmbH, Celle

Inhalt

Doch die Sehnsucht blieb

Wo de Ostseewellen trecken an den Strand,
wo de gäle Ginster bleucht in'n Dünensand,
wo de Möwen schriegen grell in't Stormgebrus,
dor is mine Heimat, dor bün ick to Hus.

Well'- un Wogenruschen wiern min Weigenlied,
un de hogen Dünen seg'n min Kinnertied,
seg'n uck all min Sehnsucht un min heit Begehr,
in de Welt tau fleigen öwer Land un Meer.

Woll het mi dat Läwen dit Verlangen stillt,
het mi allens gäwen, wat min Hart erfüllt,
allens is verschwunnen, wat mi quält un drew,
häw nu Fräden funnen – doch de Sehnsucht blew.

Sehnsucht na dat lütte, stille Inselland,
wo de Wellen trecken an den witten Strand,
wo de Möwen schriegen, grell in't Stormgebrus;
denn dor is mine Heimat, dor bün ick to Hus.

Sicherlich hat es jeder schon einmal gehört, das Lied von den Ostseewellen. Als einer der erfolgreichsten Schlager der Volksmusik ging es um die ganze Welt. In vielen Varianten wurde es aufgelegt: Mal erschien es als Friesenlied, in dem die Ostsee- zu Nordseewellen umgedichtet wurden, mal auf helgoländisch oder als Ostpreußenlied. Auch dort, wo für gewöhnlich keine Seemannslieder gesungen werden, erschallte diese beliebte Heimatmelodie von der deutschen Ostseeküste. Sie hallte in den Bergen Südtirols und fand sogar in den Tiefen Zentralafrikas ihre Liebhaber. Weniger bekannt hingegen ist die Urheberin des Liedes, die Dichterin Martha Müller-Grählert. Dort, „wo de Ostseewellen trecken an den Strand", ist ihre Heimat gewesen: die Halbinsel Fischland, Darß und Zingst. Zeitlebens hat diese Landschaft zwischen Meer und Bodden eine unstillbare Sehnsucht in ihr wachgehalten.

Schon ein Blick auf die Landkarte macht neugierig. Zwischen den Hansestädten Rostock und Stralsund zweigt eine schmale Halbinsel ab, die, einer Sperre gleich, die buchtenreichen Boddengewässer von der Ostsee trennt. Außen glatt geformt und innen vielfach gelappt, ragt sie wie ein gekrümmter Finger in die Ostsee, mit ihrer Spitze nach Rügen und Hiddensee deutend. Die bezaubernde Vielfalt der gesamten Ostseeküste ist hier auf kleinem Raum zu einem abwechslungsreichen Landschaftsmosaik zusammengefügt: Es gibt Steil- und Flachufer, Nehrungen, Strandseen und Windwatten. Zu diesem kleinen Naturparadies gehören auch die märchenhaften Waldungen des Darß, der sich einst entlang der südlichen Ostseeküste von der Lübecker Bucht bis hinter die pommersche Grenze erstreckte.

Ein Vergleich mit alten Landkarten zeigt, dass dieser Küstenabschnitt noch in jüngster Vergangenheit ein ganz anderes Gesicht hatte. Um 1700 ragte der Leuchtturm vom Darßer Ort unmittelbar am Wasser empor; seitdem ist die Landspitze um zwei Kilometer nach Nordosten gewandert. Und dort, wo heute am Darßer Weststrand die Ostseewellen anbranden und sich Badeurlauber massive Strandburgen aus abgestorbenen Baumstämmen und Ästen bauen, herrschte gestern noch die tiefe Stille des Waldes.

Ursprünglich bestanden Fischland, Darß und Zingst aus drei Inselkernen, die vor etwa 3000 Jahren, lange nach der letzten Vereisung, allmählich wieder zusammengewachsen sind. Aber erst ab dem 14. Jahrhundert haben sich die Teile vollständig zu einer Halbinsel geschlossen. Zunächst verschwanden die zugeschütteten und schließlich gänzlich versandeten Öffnungen südlich von Wustrow und Ahrenshoop, durch die das mittlerweile unbedeutende Flüsschen Recknitz mit seinen beiden Armen in die Ostsee floss. Später, nach der großen Sturmflut von 1872, wurde die dritte Öffnung, die versandete Mündung des Prerowstroms, künstlich geschlossen.

Auch heute noch unterliegt das Küstenbild einem stetigen Wandel. Der immerwährende Kreislauf, in dem sich die Abläufe der Erdgeschichte bewegen, dieser Zyklus von Werden, Vergehen und neuer Schöpfung, ist an diesem Teil der Ostseeküste so augenscheinlich, dass der Veränderungsprozess nicht – wie bei den meisten geologischen Prozessen – erst nach Jahrmillionen, sondern schon nach geringer Zeit zu sehen ist. Der Neudarß, ebenso die Ostspitze von Zingst, gehören zu den wenigen Abschnitten der Ostseeküste, an denen sich durch natürlichen Landzuwachs Schöpfungsgeschichte miterleben lässt. In der Prerower Bucht etwa betrug der Landgewinn in den letzten 300 Jahren stellenweise mehr als 1000 Meter! Jedes Jahr also verbreiterte sich dort der Küstenstreifen um etwa dreieinhalb Meter. Doch dem Zuwachs auf der einen Seite steht ein fortwährender Abbau auf der anderen gegenüber.

Die Westküste der Halbinsel hat von Jahr zu Jahr abgenommen. „Das war schon damals unser Schmerz", klagt die Heimatschriftstellerin Käthe Miethe in ihrem Buch über das Fischland. „Sobald wir im Sommer wieder aus der Stadt auf das Fischland kamen", so fährt sie fort, „liefen wir mit klopfendem Herzen auf das Hohe Ufer, um nachzusehen, ob der breite rosa Findling, auf dem wir im letzten Jahr wie Robben in der Sonne gelegen hatten, noch aus der Brandung herausragte, und ob die goldgelbe Lehmnase, in deren Schatten unsere kleine Badebude gestanden hatte, inzwischen abgebrochen und nachgerutscht war."

Mit jedem Frühjahrs- oder Herbststurm bricht das anbrausende Meer große Stücke aus dem Fischländer Hochufer und holt sich Teile des Darßer Weststrandes. Etwas nördlich vom Esper Ort, dort, wo sich der Abtragungsprozess am heftigsten vollzieht, verliert die Küste pro Jahr einen Streifen von ungefähr einem Meter Breite. Bei vorherrschenden Westwinden transportiert die Strömung das abgetragene Material die Küste entlang nach Osten. An der Spitze des Darßer Orts bildet sie kreisende Wirbel und bevor sie weiter ostwärts fließt, lagert sie einen Teil des Schwemmsandes im Windschatten der Prerower Bucht ab. Die übrigen Sandmassen werden weitergespült

und an die äußeren Enden von Zingst und Hiddensee oder auf die zahlreichen Sandbänke, Inseln und Inselchen geschwemmt. Würde man die Fahrrinne des Gellenstroms nicht künstlich freihalten, wären Hiddensee und Zingst vermutlich schon längst zusammengewachsen.

Geologisch betrachtet gehört das Ostseeküstengebiet zu den sehr jungen Landschaften. Seine Formen bildeten sich heraus, als die letzte der drei Eiszeiten des Pleistozäns (beziehungsweise Diluviums) zu Ende ging und sich Norddeutschland mit der Erwärmung des Klimas von der Last des Eises zu befreien begann. Das war vor etwa 20 000 bis 10 000 Jahren. Gemessen an den fünf Milliarden Jahren Erdgeschichte würde diese Zahl auf der Skala menschlicher Zeitdimensionen nichts weiter als die Dauer eines Wimpernschlages bedeuten. Die Schöpfung dieses Küstenraums hat eigentlich gerade erst begonnen. Sie ist eng verknüpft mit der Geschichte der Ostsee, die sich im Laufe ihrer Entwicklung mehrmals verändert hat.

Symbol dieser Landschaft und immer wieder ein beliebtes Motiv der Maler: Bäume, die sich von der vorherrschenden Windrichtung abgewandt und die charakteristischen Formen der „Windflüchter" angenommen haben. Pinselzeichnung des Ahrenshooper Malers und Grafikers Georg Hülsse (1914–1996).

Würde sich heute der Wasserspiegel der Ostsee nur um 20 Meter senken, könnte man trockenen Fußes vom Strand des Darß über den jetzigen Meeresboden zu den dänischen Inseln und weiter bis nach Südschweden gehen. Dieses Beispiel macht deutlich, dass schon eine geringfügige Schwankung des Meeresspiegels, verursacht durch Hebung oder Senkung des Bodens, die Gestalt der Ostsee und ihres Küstenbildes erheblich verändern kann.

Während der verschiedenen eiszeitlichen Epochen kam es in Nordeuropa durch die mit dem Anwachsen oder Schwinden der Eisdecke einhergehende Be- und Entlastung zu einer heftigen Dynamik der vertikalen Erdkrustenbewegung. Durch Veränderungen des Meeresspiegels hat die Ostsee in ihrer jüngeren Geschichte – es handelt sich dabei um einen Zeitraum von 10 000 Jahren – dreimal einen grundlegend anderen Charakter angenommen. Diese Stadien wurden nach besonders bezeichneten Muscheln und Schnecken benannt als die Zeit der Yoldia, der Ancylus und der Litorina.

Für die Entwicklung der mecklenburgischen Boddenlandschaft war die Litorinazeit besonders wichtig. Während dieses Stadiums stieg der Wasserspiegel der Ostsee um etwa 40 Meter, sodass sämtliches tiefer gelegene Land überflutet wurde. Das Meer drang bis zur gegenwärtigen Festlandküste vor, und nur die höheren Erhebungen der eiszeitlichen Hügel ragten als Inseln aus dem Wasser. Die Ursachen dieser Sintflut sind nur in groben Zügen bekannt: Die riesigen Gletschermassen der Eiszeit banden einen großen Teil der Wassermenge, sodass der Meeresspiegel während der letzten Vereisung etwa 80 bis 100 Meter tiefer lag als heute. Mit steigenden Temperaturen schmolzen die Inlandeiskappen Nordeuropas, was zu einer Anhebung des Meeresspiegels führte. Hinzu kamen weiträumige Bewegungen der Erdkruste. Das Schwinden des mächtigen Eispanzers, der in seinem zentralen Teil mindestens 1000 Meter dick gewesen sein musste, hatte eine Entlastung des Skandinavischen Blocks zur Folge: Nordeuropa hob sich stellenweise um mehrere hundert Meter, während gleichzeitig der südliche Ostseeraum absank. Solche vertikalen Verschiebungen der Erdkruste vollziehen sich in geringen Ausmaßen auch heute noch.

Durch die unermüdlichen Gestaltungskräfte von Wellen und Wind sowie durch Verlandungen und Strandversetzungen nahm das mecklenburgische Küsten- und Boddengebiet schließlich seine heutige Gestalt an. Es ist, wie der Greifswalder Biologe Franz Fukarek schreibt, nichts anderes als der „ertrunkene Teil einer welligen Grundmoränenlandschaft", die von der letzten Eiszeit geformt und durch das Meer vielfach verändert wurde.

Jeder Abschnitt dieser zusammengewachsenen Kette früherer Inselchen trägt seine unverkennbaren Züge. An der meerzugewandten Seite zieht die wilde Schönheit der sturmumbrausten Küste den Besucher in den Bann. Je nach Tageszeit und Wetter schimmert das Wasser türkisfarben bis tintenblau. Mal atmet es ruhig wie in tiefem Schlaf, nur eine dünne Schaumlinie auf den Sand spülend, mal ist es aufgewühlt und bricht mit Donnerlärm dem Strand zu, wo die Wellen schäumend in krausen Schnörkeln die Uferhänge unterhöhlen.

Besonders auffallend sind die merkwürdigen Wuchsformen der Bäume und Sträucher am Darßer Weststrand. Wie wehende Fahnen stehen die Wipfel mancher Kiefern über dem Dünengras im Wind. Andere Büsche und Baumkronen sehen wiederum so aus, als seien sie kunstvoll mit der Heckenschere beschnitten. Überall findet man zerzaustes Buschwerk und verkrüppelte, von der herrschenden Windrichtung bis in Bodennähe gedrückte Stämme. Nirgendwo in Deutschland zeigt die Windschur so deutlich Wirkung wie hier am vorpommersch-mecklenburgischen Küstenabschnitt. Gleichsam, als wollte der vom Meer anbrausende Sturm am Ufersaum keinen Pflanzenwuchs dulden, biegt er die Zweige landeinwärts und dreht die starken Äste der Bäume zu den eigenartigsten Formen. Wie Gespenstergebilde stehen Buchen und Kiefern in dieser Landschaft und lassen sich kaum noch voneinander unterscheiden. Diese als Windflüchter bezeichneten Bäume sind das Wahrzeichen dieser Küste.

Auf der gegenüberliegenden Seite der Halbinsel bietet sich ein ganz anderes Bild: Hier sind es die still blinkenden Spiegel der flachen, nur zwei bis drei Meter tiefen Boddengewässer, die einen wunderbaren Reiz ausüben. Sie trennen die Halbinsel vom Festland. Mit ihren verschilften und durch tiefe Einbuchtungen, Vorsprünge und Haken abwechslungsreich gegliederten Ufern muten sie an wie Binnenseen. Hier ist das Land so flach, dass es sich nur durch seine Farben vom Wasser abzuheben scheint.

Die Halbinsel mit ihren Gebieten Fischland, Darß und Zingst wird gern als eine Einheit betrachtet. So wenig aber wie sich ihre Landschaften gleichen, so wenig ähneln sich ihre geschichtlichen Entwicklungen. Schon deshalb nicht, weil mitten durch das Gebiet eine alte politische Grenze verläuft. Im 12. Jahrhundert fielen Darß und Zingst an das Fürstentum Rügen und später an Pommern, während das Fischland die Geschicke der mecklenburgischen Geschichte teilte. Ende des 13. Jahrhunderts kam Zingst in den Besitz des Zisterzienserklosters Neuenkamp bei Franzburg, das die Insel von Witzlaw II. von Rügen gekauft hatte. Das Fischland hingegen gehörte von 1328 bis 1669 zum Klostereigentum von Ribnitz. Darß und Zingst fielen als Teile Pommerns nach dem Dreißigjährigen Krieg bis 1815 an Schweden.

Allen drei Teilgebieten gemeinsam ist aber, dass sie mit den ältesten Kulturstätten des Ostsee-Küstenraums in Verbindung stehen, was eine Vielzahl prähistorischer Funde belegt. Gelegentlich werden noch heute Werkzeuge aus Feuerstein von der Brandung an Land gespült. Nachdem das Gebiet während der Völkerwanderung siedlungsarm geworden war, drangen ab dem 7. Jahrhundert slawische Stämme von Osten ein. Namen wie Wustrow, Prerow, Darß und Zingst erinnern an den slawischen Ursprung. Später, etwa ab dem 12. Jahrhundert, wanderten deutsche Siedler zu.

Fischland, Darß und Zingst – diese traumhafte Landschaft zwischen Meer und Bodden musste besonders auf Menschen mit einem ausgeprägten Naturgefühl und künstlerischen Neigungen einen gewaltigen Eindruck machen. Hauptsächlich Landschaftsmaler waren es, die vor etwa hundert Jahren diese zuvor noch unbekannte Halbinsel entdeckt und durch ihre Werke bekannt gemacht hatten. Viele von ihnen zogen in das kleine Fischerdorf Ahrenshoop, das man damals wegen seiner Ärmlichkeit spöttisch noch „Pauwersdörp" nannte, und gründeten dort eine Künstlerkolonie. Das entlegene paradiesische Fleckchen im Südzipfel des Darß blieb nicht lange ein verschwiegener Rückzugswinkel für Kunstschaffende. Bald gesellten sich auch andere Gäste dazu: Erholungsuchende, Naturliebhaber und Badeurlauber, die die ausgedehnten, von Dünen gesäumten Sandstrände zu schätzen wussten.

Im Vergleich zu den benachbarten Küstenabschnitten, wo der Fremdenverkehr schon kräftig boomte, vollzog sich hier die Entwicklung des Seebädertourismus zunächst zögernd und in kleineren Schritten. Während die Inseln Rügen und Usedom sowie die Seebäder Kühlungsborn und Heiligendamm, sich ihrer Tradition bereits bewusst, in feudalem Glanz erstrahlten und die gute Adresse für die feine Stadtgesellschaft waren, blieb das Flair der großen Welt vom Fischland, vom Darß und Zingst fern. Vielen war diese Gegend zu rau, zu einsam. Weder in Prerow noch in Wustrow oder Ahrenshoop wehte der Duft von Prominenz. In den Unterkunftsverzeichnissen vergangener Tage taucht keine Durchlaucht auf, und an keinem Haus macht ein Schild auf diese oder jene Persönlichkeit aufmerksam, die im Jahre soundsoviel hier zu Gast war. Übrigens selbst dann nicht, wenn tatsächlich mal ein berühmter Name in Erscheinung getreten ist. So machte man etwa kein großes Aufhebens davon, dass Albert Einstein, Gerhart Hauptmann oder Bertolt Brecht zur Sommerfrische hierhergekommen waren. In Ahrenshoop fühlte sich auch die Schriftstellerin Anna Seghers wohl. Und Johannes R. Becher, der „Wegbereiter der sozialistischen Nationalliteratur" und Dichter von „Auferstanden aus Ruinen" war begeistert von der urwüchsigen Landschaft, auch wenn er sich über das öffentliche Nacktbaden mokiert hatte. „Unerträglich", heißt es in seinem Tagebuch, „diese Zusammenballung von Intelligenz, die einem sowieso das ganze Jahr über mehr als nahe ist. Auch noch ‚nackte Tuchfühlung' am Strand beim Baden? Mir genügt's." In Wirklichkeit aber hatte ihn weniger die Freikörperkultur als die „geballte Ladung von Geistigkeit angesichts der Meereseinsamkeit" gestört. „Irgendwie gerät dabei die Natur in Unordnung", bemerkte er.

Das Küstengebiet von Fischland, Darß und Zingst zieht auch heute noch besonders jene Menschen an, denen die urwüchsige Natur wichtiger ist als Pomp und Prunk, als Boulevards und Strandpromenaden, Luxushotels und Wiener Cafés. Obwohl in den Jahren nach der Wiedervereinigung die Tourismusentwicklung hier stark vorangetrieben worden ist und mittlerweile ein Niveau erreicht hat, das mit Rücksicht auf den Naturschutz nicht mehr überschritten werden sollte, strahlen die kleinen Badeorte noch immer etwas von jener Ruhe aus, um deretwegen die Landschaftsmaler vor hundert Jahren gekommen waren. Trotz der vielen tausend Urlaubsgäste, die jährlich während der Sommermonate die Halb-

insel bevölkern, wird es auf den Stränden dennoch nicht zu eng. Auf dem 60 Kilometer langen Küstenstreifen verliert sich die große Zahl der Sonnenhungrigen.
Im Herbst, wenn der Urlauberstrom wieder zurückflutet und die Abstände zwischen den „bewohnten" Strandburgen immer größer werden, halten andere Gäste Einzug. Es sind Wildgänse, Wildenten, Kraniche und andere Zugvögel, die aus Skandinavien kommen und unterwegs zu ihren Überwinterungsquartieren in Südeuropa sind. Hier, an den Küsten Mecklenburgs, unterbrechen sie ihre lange und kräftezehrende Reise für einige Wochen. Zu Tausenden rasten sie dann auf den Feldern und Wiesen. Ein besonders eindrucksvolles Bild bieten die Kraniche, die tagsüber scharenweise auf den abgeernteten Getreidefeldern des Festlandes Nahrung suchen und bei Einbruch der Dunkelheit in riesigen Schwärmen zu den flachen Wassern in den Windwatten zurückkehren. Dort, im streng geschützten und für Besucher unzugänglichen Feuchtgebiet zwischen Pramort und Hiddensee, befindet sich Europas größter Kranich-Rastplatz.

Postkartenbild aus vergangenen Tagen: Blick auf den Prerowstrom. Das Gewässer bildet die Grenze zwischen Darß und Zingst.

Vor sechs Jahrzehnten lag die Halbinsel noch abgeschieden von den großen Verkehrswegen, und ihre Badeorte waren vom Festland aus nur umständlich zu erreichen. Es gab noch nicht die durchgehend befestigte Straße, die sich heute über das Fischland und den Darß bis zum äußeren Ende von Zingst erstreckt und alle Ortschaften miteinander verbindet. Die im Oktober 1929 eröffnete Fischlandchaussee, die vom Festland auf die Halbinsel führte, endete hinter Wustrow. Wer mit dem Auto nach Ahrenshoop, nach Prerow oder Zingst reisen wollte, riskierte, sich im Sand oder Morast festzufahren. Erst rund 30 Jahre später wurde das Kerngebiet des Darß und Zingst durch eine weiterführende Straße erschlossen. Auf den Waldwegen links und rechts dieser neuen Verkehrsverbindung kommt man nur zu Fuß oder mit dem Fahrrad weiter, denn hier beginnt der „Nationalpark Vorpommersche Boddenlandschaft", der sich bis hinauf nach Hiddensee erstreckt. Zu den besonders geschützten Kernzonen haben Besucher keinen Zutritt; dort genießt die Natur absolutes Vorrecht.
Fischland, Darß und Zingst – dieser schmale Streifen Land zwischen Meer und Bodden gehört zu den schönsten und wertvollsten Gebieten der Ostseeküste. Wasser und Sand, Himmel und Wolken, Wälder und Wiesen bestimmen das Landschaftsbild. Wer bereit ist, sich auf den herben Charme dieser Halbinsel einzulassen, wird Bilder von berückender Schönheit entdecken. Er wird Eindrücke mit nach Hause nehmen, in die sich ein Gefühl der Sehnsucht mischt:
Sehnsucht nach dem kleinen, stillen Inselland,
wo die Wellen schlagen an den weißen Strand.

Wenn der Wind heftig aus Westen bläst, rollt das Meer mit schäumender Brandung auf die Fischländer Steilküste zu. Wer in der Ostsee ein Binnenmeer mit mäßigem Temperament sieht, wird hier eines Besseren belehrt. Mit jedem Frühjahrs- und Herbststurm bricht das anbrausende Meer große Stücke aus dem Hohen Ufer bei Ahrenshoop. Doch dem Abbau steht der Landgewinn an anderer Stelle gegenüber. Die Urgewalt des Meeres, der weite Blick über die Ostsee und das berauschend schöne Farbenspiel der Sonnenuntergänge – das alles hatte auf Landschaftsmaler, die vor etwa hundert Jahren erstmals hierherkamen, einen ungeheuerlichen Reiz. Auch heute zieht das Naturschauspiel am Hohen Ufer zahlreiche Besucher an.

Bootshäuser im Althäger Hafen. Im Gegensatz zur sturmumbrausten Ostseeküste bietet die meerabgewandte Seite der Halbinsel, das Boddenufer, oftmals ein Bild tiefer Stille. Vor allem dann, wenn das Wasser so ruhig liegt wie nach einem tiefen Schlaf und in den jungen Tag hineinblickt.

FZ 84

Ein Anblick, der selten geworden ist: Zeesenboote auf dem Saaler Bodden. Dieser auffallende Bootstyp entstand im 19. Jahrhundert an der vorpommerschen Küste zwischen Rügen, Greifswald, Stralsund und Barth. Seinen Namen leitet er von der Zeese ab, einem 25 Meter langen Schleppnetz, das beim Fischen langsam über den Grund des Gewässers gezogen wurde. Diese Art der Fischerei wurde um 1950 eingestellt. Liebevoll restauriert – teilweise auch neu gebaut – sind einige dieser ehemaligen Fischerboote erhalten geblieben. Sie werden heute als Freizeit- und Sportboote gesegelt und nehmen an den jährlichen Regatten auf dem Bodden teil.

Frühling am Bodden bei Wieck. Ein warmes Spätnachmittagslicht lässt das Röhricht des vergangenen Jahres goldgelb leuchten. Durch das Stroh schimmern schon die jungen Triebe. Am Horizont zeichnet sich als dunkle Linie die Festlandküste ab.

Erinnerung an die Zeit der Ahrenshooper Künstlerkolonie: Ganz in blau, die Tür mit kunstvollen Ornamenten geschmückt und mit einem tief heruntergezogenen, rohrgedeckten Dach – so präsentiert sich der Kunstkaten. Der im Jahre 1909 von den Malern Paul Müller-Kaempff und Theobald Schorn gegründete Austellungspavillon bot den Künstlern eine Möglichkeit, ihre Werke der Öffentlichkeit vorzustellen. In einer Zeit, als viele Fremde sich in Ahrenshoop niederließen, sollte seine Bauweise ein Beispiel für eine der Landschaft angepassten Architektur sein.

Der Darß – ein Märchenwald. In den leuchtenden Farben des Herbstes und durchflutet von Sonnenlicht bieten die lockeren Buchenbestände des Darßer Waldes einen traumhaft schönen Anblick. Das etwa 5000 Hektar große Waldgebiet des Darß – das Wort ist slawischen Ursprungs („d'razd") und bedeutet „Laubwald" oder „Hain" – bildet das Herzstück dieser Region. Eine Besonderheit: Mitten durch den Forst, entlang des Mecklenburger Weges, verläuft eine etwa acht Meter hohe Geländestufe (links im Bild). Dieser Absatz ist das ehemalige Meeresufer, das Kliff des Altdarß, an das vor einigen tausend Jahren noch die Ostsee brandete.

Viele Wege führen durch den Darßer Wald, fast immer enden sie irgendwann am Meer. „Wer kann dieses strahlende Gefühl mitempfinden, als der Weg sich lichtete, Wind wehte und Wellenrauschen hörbar wurde, der Himmel hereinglänzte und wir aus dem Waldesdunkel heraustraten (...)", schrieb Johannes R. Becher in seinem Tagebuch. Eine der schönsten Waldwanderungen führt von Prerow über den Mittelweg (ca. 4,5 Kilometer) zum Darßer Weststrand

Wasser, Himmel und Weite – eine Landschaft so klar wie ein blanker Spiegel. Der Prerowstrom bildet die natürliche Grenze zwischen Darß und Zingst. Er schlängelt sich durch sumpfige Wiesen, die bei jedem Hochwasser neu überflutet werden, zum Bodden. Einst war der Prerowstrom ein richtiges Seegatt, eine flussartige Verbindung zwischen der Ostsee und dem Bodden, die den direkten Zugang von der Festlandküste zum offenen Meer ermöglichte. Nach der großen Sturmflut von 1872, bei der die Mündung versandete, hat man im Zuge des Küstenschutzes die Öffnung künstlich geschlossen. Der Strom verlor seine Strömung und wurde zu einem „ruhenden“ Gewässer. Die Abbildung zeigt den Bereich des Prerower Hafens, wo gerade das Fahrgastschiff „River Star“ von einem Boddentörn heimkehrt.

Meine erste Begegnung mit diesem Teil der Ostseeküste liegt nun schon einige Jahre zurück. Sie ereignete sich irgendwo am Straßenrand in der Nähe von Barth, jener Stadt an der südlichen Boddenküste, die man gern als das Tor zur Halbinsel Fischland, Darß und Zingst bezeichnet. Die Umstände, die dazu geführt haben, sind schnell erzählt: Eine Straßenkarte, die nicht im Auto, sondern zu Hause lag, ein übersehener Wegweiser auf der Suche nach Kinnbackenhagen, einer winzigen Ortschaft, die, wie es hieß, eine besonders günstige Stelle sei, um Kraniche zu beobachten. Ein Junge mit Schulranzen auf dem Heimweg. Vielleicht wusste er Bescheid; vielleicht kam er gerade vom Heimatkundeunterricht? Kurze Frage. Pause. Schließlich ein ernstes Kopfschütteln. Kinnbackenhagen? Nein, das kannte er nicht. Aber helfen wollte er, bedeutete, dass er eine Landkarte bei sich habe. Also doch Heimatkunde. Behutsam, als handelte es sich um das Versetzungszeugnis, dessen Enthüllung man noch einen kurzen Moment lang verzögern wollte, zog er ein gefaltetes Papier aus den Tiefen seines Schulranzens. Zum Vorschein kam eine Europakarte von der Größe eines geöffneten Schulheftes. Aber da war sie ja, die Halbinsel Fischland, Darß und Zingst – im Weltkartenmaßstab! Zwar kleiner als ein Reiskorn, doch immerhin noch erkennbar, dieser winzige, in das Blau der Ostsee ragende Dorn. Und Kinnbackenhagen? Die Kraniche? … Sie waren an diesem Tag schon vorübergezogen.

Wer ein wenig mit der Geschichte dieses Gebiets vertraut ist, weiß, dass die Menschen vom Fischland, ebenso wie jene von Darß und Zingst, bei aller Liebe zur Heimat schon immer der weiten Welt aufgeschlossen waren und über die engen Grenzen ihres Landes hinausgeschaut haben. Trotz der isolierten Lage war ihnen Abgeschiedenheit fremd, die Sehnsucht nach fernen Ländern dagegen ein charakteristischer Zug ihres Wesens. Weil viele von ihnen ferne Kontinente und Völker gesehen haben, so heißt es in einer der ersten literarischen Arbeiten über dieses Gebiet, die August v. Wehrs Anfang des 19. Jahrhunderts geschrieben hat, werden ihnen eine größere „Welt- und Lebensklugheit“ sowie „ein schärferer Blick und eine gewisse Gewandtheit“ nachgesagt.

Vor 150 Jahren hätte sich sicherlich ein Knabe, sobald er zu lesen, schreiben und rechnen imstande war, ebenso mit Weltkarten beschäftigt. Denn damals stand für einen Jungen schon frühzeitig fest, dass er nach seiner Konfirmation zur See fahren würde. Zu der Zeit, als die hiesige Segelschifffahrt in ihrer Blüte stand, gab es in Wustrow keinen Konfirmanden, der sich nicht für den Seemannsberuf entschieden hätte. In Prerow, Zingst oder den anderen Orten rund um den Saaler und Barther Bodden ist es ähnlich gewesen.

Zu der Überlieferung jener Tage gehören auch etliche Anekdoten. Auf dem Fischland ist folgende kleine Begebenheit besonders in Erinnerung, die besser als eine Geschichtschronik zum Ausdruck bringt, wie sehr sich Sinn und Zweck im Leben eines Jungen um die Seefahrt gedreht haben. Nach einer Erzählung von Käthe Miethe hat sie sich wie folgt zugetragen: In der Althäger Dorfschule haben die Kinder Religionsunterricht. Der Brudermord des Alten Testaments wird besprochen, und der Lehrer fragt die Schüler: „Was tat Kain, nachdem er seinen Bruder Abel erschlagen hat?“ Wie aus der Pistole geschossen kommt die Antwort eines Jungen: „Erst würd hei konfirmiert, un dann ging hei to See!“

Hatten die Jungen in der Schule gelernt, was es dort zu lernen gab, so berichtet die Heimatschriftstellerin, stellte sich nicht die Frage: Was willst du werden?, vielmehr wollte man wissen: Auf welchem Schiff wirst du fahren? Wo kannst du anheuern? Fast immer stieg der Sohn in die Fußstapfen des Vaters. Ein Junge, der damals nicht Seemann werden wollte, war für die gleichaltrigen Kameraden kein passender Spielgefährte. Und ein Fischer, der nur auf dem Bodden fuhr und sich nicht auf die offene See hinauswagte, musste sich den Spottnamen „Boddenjapper“ gefallen lassen. Bereits die Volksschule stellte sich mit ihrem Lehrplan auf die Erfordernisse der Seefahrt ein. So wurde in Wustrow bis zum Ende des 19. Jahrhunderts eine Fremdsprache, und zwar Englisch, gelehrt.

Die Fischländer, ebenso wie die Leute aus den benachbarten Regionen, waren ein seefahrendes Volk. Durch ihren großen Mut und ihr außerordentliches nautisches Geschick haben sie sich einen Ruf erworben, der weit über die Landesgrenzen hinaus einen guten Klang hatte. „Die Darßer“, so der Chronist August v. Wehrs, „sind als Seeleute (…) sehr gesucht, weil man sie nirgends besser finden kann (…)“. Schiffer und Schiffbauer aus Wustrow, Prerow, Zingst, Barth und Ribnitz haben das ruhmreichste Kapitel der Geschichte ihrer Heimat geschrieben.

Die glücklichste Zeit der hiesigen Schifffahrt war die Zeit der Windjammer. Sie dauerte mehr als ein Jahrhundert und brachte den Menschen Wohlstand und Ansehen. In Barth und Zingst lagen zeitweise mehr Schiffe als in Stralsund oder Greifswald. Allein in Wustrow hatten Mitte des 19. Jahrhunderts etwa 240 Schiffe ihren Heimathafen. Erst als sich die Dampfschifffahrt auf den Weltmeeren durchsetzte, verblasste der Glanz, bis er schließlich binnen 25 Jahren vollständig erloschen war.

Soweit die Quellen Auskunft geben, gehörten die Bewohner dieses Küstenteils nicht eigentlich zu den traditionellen Seefahrervölkern alter Zeiten wie etwa die Normannen. Selbst als die großen deutschen Hansestädte mit ihren Schiffen schon die Weltmeere durchpflügten, betrieb man hier die Seefahrt lediglich zum Zwecke der Küstenfischerei und wagte sich, obwohl mit dem Meer vertraut, nur so weit hinaus aufs Wasser, dass man im Notfall schnell wieder das rettende Ufer erreichen konnte. Ansonsten blieb man lieber auf sicherem

Boden, bestellte den Acker und lebte nur insoweit nach dem Wahlspruch „Seefahrt ist not“, um im Rahmen der Bauernschifffahrt landwirtschaftliche Produkte auf den Märkten der Nachbarstädte anzubieten. Erst nach dem Dreißigjährigen Krieg, der verwüstete Felder und Höfe zurückließ, wandten sich die Fischländer wie auch die Leute der Nachbargemeinden ernsthafter dem Fischfang zu, sowohl auf den Bodden als auch auf offener See. Mit Erfolg, denn ihre Heringsfänge waren so üppig, dass die zuvor auf Selbstversorgung gestützte Wirtschaft zu einem recht profitablen Handelsverkehr aufblühte. Was nicht selbst verzehrt oder in der näheren Umgebung verkauft werden konnte, wurde eingesalzen oder geräuchert und bis zu den Märkten von Berlin und Dresden gekarrt. Im 17. Jahrhundert segelten Fischländer Bauernfischer ihr Getreide zum Verkauf nach Lübeck. Ein paar Jahrzehnte später riskierten sie die Fahrt über das offene Meer und fuhren nach Kopenhagen, wo sie Holz aus dem Darß zum Verkauf anboten. Es gehörte schon allerhand Mut dazu, derartige Reisen mit offenen oder nur halb gedeckten, ursprünglich für Fischereizwecke bestimmten Booten zu unternehmen. Diese gelegentlichen Fahrten schienen die Lust am Reisen geweckt zu haben, und aus dem Getreidetransport per Schiff entwickelte sich allmählich die regelrechte Handels-Seefahrt. Für ihre Ausfahrten benutzten die Fischländer, ebenso wie die Ribnitzer, die südliche Recknitzmündung bei Wustrow. Dort, in der flachen Bucht, die heute Permien heißt, lag ein kleiner Hafen.

Kapitänsbild im Zingster Heimatmuseum. 30 Jahre lang war die Brigg „Franz“ unter Führung von Kapitän J. Gierow im Einsatz. 1893 ging das in Zingst gebaute Schiff auf See verloren. Nicht viele Schiffe erreichten damals ein solch hohes Alter.

Von der bäuerlichen Schifffahrt entlang der Küste hörte man erst, als die Hansestädte deren Konkurrenz zu fürchten begannen. Klipphäfen nannten die Städter damals alle Häfen ohne Stadtrecht. Und als solcher galt auch der kleine Wustrower Hafen sowie jener, der an der nördlichen Recknitzmündung bei Ahrenshoop lag. Obwohl die Bauernschifffahrt nur in bescheidenem Umfang betrieben wurde, erregte der aufkeimende Seehandelsehrgeiz der Fischländer sowie deren Kornhandel den Neid der Rostocker, Stralsunder und Lübecker. Die Hansestädte beriefen sich auf die Rechte ihrer privilegierten Häfen und sagten den Dörfern den Kampf an. Der Hafen von Wustrow wurde zerstört und die Meeröffnung zugeschüttet. In ähnlicher Weise vereitelte man auch den Versuch, einen Seehafen bei Ahrenshoop zu bauen. „Die mauernumgürteten Hansestädte, Kaufmannsburgen, wie man sie wohl bezeichnet hat“, schrieb der Fischländer Chronist Gerhard Ringeling, „trieben auf ihren Koggen Fernhandel mit den Massengütern des Ostseeraumes, also vor allem mit Bauholz, Korn und Fisch (...). Und da sie das Recht hatten, hier den Preis der Produkte festzusetzen und ihn aus begreiflichen Gründen niedrig zu halten strebten, so war ihnen der Handel der Fischer und Bauern ein Dorn im Auge. So haben sie denn, sobald sie zum Bewusstsein ihrer Macht kamen und Ordnung im eigenen Hause geschaffen hatten, brutal alle Klippschifffahrt erdrosselt und abgewürgt.“

Die Häfen waren zugrunde gerichtet, doch die Klippschifffahrt des Fischlandes lebte weiter. Die Schiffe von Wustrow, ebenso wie die von Ribnitz, benutzten fortan den Ahrenshooper Durchlass zum Meer, den die Strömung vorübergehend wieder freigespült hatte. In der Folgezeit kam es zwar noch zu gelegentlichen Auseinandersetzungen mit den städtischen Nachbarn, dennoch konnte sich die Ostseeschifffahrt der kleinen Dörfer etablieren. Um 1690 baute der Schiffszimmermann Hinzmann aus Wustrow das erste größere Frachtschiff, eine Galeasse. Bald folgten weitere kleine und mittelgroße Frachtsegler, die sich nicht mehr damit begnügten, „auf die Küsten der Ostsee bis nach Russland, Preußen, Schweden und Dänemark zu trafiquieren“, wie es in einem Bericht an die Großherzogliche Kammer heißt, sondern sich durch den Sund in die Nordsee wagten und Kurs nach Holland und England nahmen. Damit begann die goldene Zeit der heimischen Schifffahrt. Dem Beispiel der Fischlanddörfer Wustrow, Alt- und Niehagen waren auch Zingst und die Darßer Ortschaften gefolgt. Der Wechsel von der bescheidenen Fischerei zur Seefahrt ließ die Gemeinden in ungeahntem Wohlstand erblühen. Auch Dierhagen und

Dändorf standen dieser Entwicklung nicht nach. Dändorf kam in den Ruf, die reichste Ortschaft des Landes zu sein, und Großherzog Friedrich Franz II. nannte es „mein Golddorf".

Bis zum Ende des 18. Jahrhunderts hatte die heimische Schifffahrt einen enormen Aufschwung erfahren, und die Anzahl der zur See fahrenden Männer überstieg die der Bauern um ein Vielfaches. Die politischen Verhältnisse – vor allem der Siebenjährige Krieg und die Unabhängigkeitskriege in Nordamerika – hatten diese Entwicklung begünstigt. Der erstaunliche Erfolg ist zum Teil auf die sogenannte „Partenreederei" zurückzuführen, das heißt, dass viele Schiffe mehreren Familien gehörten, die sich jeweils zu deren Finanzierung zusammengeschlossen hatten. Oftmals war die gesamte Schiffsbesatzung einschließlich des Schiffsjungen Anteilseigner. Sie hielten zusammen wie Pech und Schwefel, fühlten sich füreinander verantwortlich und sorgten sich gemeinsam um das Schiff.

Der Bau eines Schiffes war also Familiensache, an der nicht allein der Kapitän, sondern in der Regel seine ganze Verwandtschaft beteiligt war. Jeder hatte entsprechend der Höhe seiner Einsätze, die man Parten nannte, Anteil an den Gewinnen wie an den Verlusten. Das Schiff und seine Anteilszeichner stellten feste Verbindungen unter den Familien dar. Gegründet auf persönliches Vertrauen, verband die Partenreederei jeden, der über ein wenig Geld verfügte, mit der heimischen Seefahrt und ermöglichte auch jüngeren Kapitänen das Vorwärtskommen. Vor allem diese waren denn auch bemüht, das von der Sippe in sie gesetzte Vertrauen durch Gewissenhaftigkeit und Ehrgeiz zu rechtfertigen und möglichst den einen oder anderen Anteilsschein zurückzukaufen, um vielleicht eines Tages das Schiff ihr eigen nennen zu können. Nicht selten gehörten solche Schiffsanteile auch zur Aussteuer einer Braut. Natürlich heiratete der junge Schiffer eine Schiffertochter, sodass nach einigen Generationen alle Seefahrerfamilien miteinander verwandt waren. So ist es zu erklären, dass jedes Dorf seine vorherrschenden Familiennamen hat. In Wustrow beispielsweise tauchen die Namen Bradhering, Voß und Niemann mit besonderer Häufigkeit auf.

Mit der Zeit waren die Fahrten immer kühner geworden. Heimische Schiffe durchpflügten die Weltmeere und hielten Kurs auf Amerika und Afrika, umsegelten das Kap der Guten Hoffnung und fuhren nach Indien. Häufig waren die Seeleute wochen- und monatelang, manchmal sogar jahrelang unterwegs. Über den Verlauf einer solchen Weltreise gibt z. B. das Logbuch der Bark „Johann Daniel" Aufschluss, dessen Eintragungen vom Schiffer H. D. Bradhering aus Wustrow stammen.

Um die Mitte der 1980er Jahre begann der unaufhaltsame Niedergang der Segelschifffahrt an der deutschen Ostseeküste. Bereits nach dem Krimkrieg hatte die Krise begonnen. Rückläufige Frachtraten, Überangebot an Lademöglichkeiten und steigende Schiffbaukosten ließen keinen Gewinn mehr übrig und führten zu Verschuldungen. Hinzu kam der Wandel im Schiffbau. Mit der raschen Entwicklung vom kleinen hölzernen zum großen eisernen, dann zum noch größeren stählernen Segelschiff und schließlich vom Segelschiff zum Dampfer konnten die kapitalschwachen Reedereien nicht Schritt halten. Besonders die Partenreedereien waren außerstande, das Geld zum Bau moderner Schiffstypen aufzubringen. Die Fischländer, die es gewohnt waren, wenn irgend möglich nur auf ihren eigenen Schiffen zu fahren, mussten nun auf fremden Schiffen anheuern. Manch junger Seemann verließ die Heimat für immer und verlegte seinen Wohnsitz nach Hamburg oder Bremen, um Beschäftigung bei anderen Flotten zu finden. „Die Alten aber sitzen daheim, und ihre Gedanken wandern hinaus in die Weite, die ihnen so wohlvertraut ist. Bei ihnen liegt die Tradition des großen Jahrhunderts der Segelschifffahrt, das nunmehr vorübergegangen ist und der Geschichte angehört", schrieb Gerhard Ringeling.

Überall auf der Halbinsel erinnern heute Schiffsmodelle in den Kirchen, alte Seemannsgräber, Mitbringsel aus fernen Ländern sowie Ausstellungsstücke der Heimatmuseen, besonders aber die Schifferhäuser an die maritime Vergangenheit. Wie frisch polierte Schmuckkästchen stehen noch immer einige der alten Kapitäns- und Matrosenhäuser; umringt von gepflegten Blumenrabatten, sind sie die Zierde der Ortschaft. Ihre Ausgestaltung spiegelt den Wohlstand wider, den die Schifffahrt mit sich gebracht hatte. In diesen Häusern weht ein anderer Geist als in den Wohnungen der Kleinbauern, der Büdner. Sie wurden mit der gleichen Sorgfalt gebaut und ebenso sinnvoll eingerichtet wie die Schiffe. Haus und Schiff bildeten die beiden „Pole, zwischen denen sich das Leben des Seemanns bewegte", so Käthe Miethe. Mit beiden ging er in gleicher Weise gewissenhaft und liebevoll um. In der Organisation der häuslichen Umgebung zeigt sich einmal mehr der Weitblick, der den seefahrenden Leuten eigen war.

Wenn auch heute das charakteristische Wohnmilieu durch den Fremdenverkehr bis zur Unkenntlichkeit verändert worden ist und Antiquitätensammler oder -händler das meiste der typischen Ausstattungsgegenstände fortgetragen haben, so gibt es immer noch viele Details, die an Schifffahrt und fremde Länder erinnern. Charakteristisch sind die selbst gebauten Schiffsmodelle, die früher in keinem Haus fehlten. Hier und da steht neben der Eingangstür noch die alte Schifferbank, und in der Diele der Wohnung kann man, inzwischen allerdings selten, die alte Seekiste, die den Seemann auf allen seinen Fahrten begleitet hat, bewundern. Mitgebrachtes aus fremden Ländern schmückt Wände und

Regale: feines Porzellan aus England, buntes Fayence-Geschirr und vor allen Dingen das Hundepaar aus Steingut, das mit starrem Blick immer noch aus so manchem Fenster schaut. Diese Hunde, sie stammen ebenfalls aus England, sind meist weiß, mit roten Tupfen bemalt und tragen eine goldfarbene Kette um den Hals.
Mit besonderer Hingabe widmete sich der Schiffer dem Außenanstrich. Ursprünglich war er eine Schutzschicht gegen den schädigenden Salzgehalt der Luft. Nun wurde aus diesem Nutzen eine Tugend. Folgt auch die Architektur der Häuser eher sachlichen Bedürfnissen, so offenbart sich in den Haustüren mit ihren geschnitzten Auflagen eine außergewöhnliche Gestaltungsfreude. Sie sind ein charakteristisches Merkmal aller Ortschaften von Fischland, Darß und Zingst und gehören in diese Landschaft wie Meer und Bodden. Alle verschieden in Dekor und Ausführung, sind sie die Visitenkarten der Familien. Wie eine freundliche Einladung schmücken sie die Fassadenwand und lassen Gastlichkeit ahnen, die sich hinter ihnen auftut. Embleme der Seefahrt, rankende Blätter und Blumen sind gern benutzte Schmuckelemente. Ein immer wiederkehrendes Symbol aber ist das Darßer Motiv, eine dick aufgetragene Sonne, die mit einem gezackten Strahlenkranz aus dem Türholz hervorleuchtet.
Das Erwerbsleben der Halbinsel hat sich mittlerweile ganz auf den Tourismus eingestellt. In bescheidenem Maße werden auch noch Landwirtschaft und Fischfang betrieben, doch tief in den Herzen der Menschen lebt noch immer ein Stück der glanzvollen Zeit, als Fischländer, Darßer und Zingster Seeleute über die Weltmeere segelten und den Ruhm der heimischen Schifffahrt begründeten. Heute noch kennt man die Namen der stolzen Barken, Briggs und Schoner. Unvergessen sind die Männer, die am Ruder standen, die Segel setzten und den Gefahren des Meeres trotzten. Mit ihren Fahrten brachten sie Wohlstand, Ruhm und Romantik in die heimatlichen Hütten. Wer in die Vergangenheit zu blicken vermag, sieht immer noch den Wald von Masten, der einst über die kleinen Häfen ragte.
Vieles von der alten Tradition ist verlorengegangen. Dazu gehört auch die Zeesenfischerei mit ihren hübschen Kähnen unter braunen Segeln, deren Anblick immer seltener geworden ist. „Es hat schon etwas Märchenhaftes, wenn an einem lauen Sommerabend lautlos dunkle Segel im Gegenlicht des Abendrots über das Wasser gleiten", schrieb Hermann Winkler.
Diese auffallende Bootsgattung entstand im 19. Jahrhundert an der vorpommerschen Küste zwischen Rügen, Greifswald, Stralsund und Barth. Johann Jakob Grümbke charakterisierte im Jahre 1805 das Zeesenboot folgendermaßen: „Ein solches Fischerfahrzeug hat die Länge einer Jacht und bedient sich der Segel. In seiner Mitte ist ein Wasserbehälter für die gefangenen Fische, das Raumloch genannt; die Planken des Kahnes sind daher auf beiden Seiten durchlöchert, damit das Meerwasser immer durchströmen kann. Seinen Namen führt es von der Zeese, das heißt einem zwischen zwei Stangen ausgebreiteten Netze, das am Hinterteil befestigt ist und ehemals wegen seiner beutelförmigen Gestalt der Mönchsack hieß (...)"
Mit Zeesenbooten wurde Schleppnetzfischerei betrieben. Während das Boot beim Schleppen mit gesetzten Segeln quer zum Wind trieb, wurde das Fanggerät, die Zeese, langsam über den Grund des Gewässers gezogen. In den 1950er Jahren stellte man die Zeesenfischerei ein. Einige der alten Zeesenboote werden heute, nachdem man sie liebevoll restauriert beziehungsweise im ursprünglichen Stil neu aufgebaut hat, als Freizeitboote gesegelt. Ein besonderes Erlebnis ist es, sie während einer der jährlich auf dem Bodden stattfindenden Regatten versammelt zu sehen.

Erinnerung an die Vergangenheit: Fischerboote im Hafen von Barth. Die Stadt war früher nicht nur Heimat vieler Fischer, sondern besaß auch eine stattliche Hochseeflotte.
Drei markante Bauwerke dominieren die Skyline hinter der Hafenmole: das „Adlige Fräuleinstift", die Marienkirche und das Dammtor (v. links n. rechts).

Fischerboot am Strand von Zingst. Das Anlanden von Fängen findet stets unter den neugierigen Blicken vieler Badegäste statt. Von alters her wird auf Fischland, Darß und Zingst Fischerei betrieben. Doch als Erwerbszweig hatte sie immer nur eine bescheidene Bedeutung: Man benutzte kleine Boote und fischte entlang der Küste. Für eine Fischereiflotte, die es ermöglicht hätte, die ergiebigen und entlegenen Fischgründe aufzusuchen, fehlte ein seewärts gelegener Hafen.

Ein schönes Beispiel für die Wohnkultur der Darßer Schiffer ist dieses Kapitänshaus in Prerow. Alles ist großzügig angelegt: die Ausmaße von Haus und Grundstück sind beachtlich, die inneren Räumlichkeiten von viel Licht durchflutet. Darin unterscheidet es sich von der typischen Behausung eines Fischers oder Handwerkers, und auf den ersten Blick wird deutlich, dass hier Menschen wohnten, die nicht zu den kleinen Leuten zählten. Heute ist das Kapitänshaus ein Zentrum kultureller Veranstaltungen. Unter dem Namen „Kulturkaten Kiek In“ wird ein vielseitiges Programm geboten, wie Theateraufführungen, Lesungen, Konzerte, Ausstellungen und Kinderveranstaltungen.

Fischdepot im Saaler Bodden: In dieses Netzgehege werden Karpfen eingesetzt, die an anderer Stelle gefischt wurden. Boddenfischerei hat eine lange Tradition und bildete früher, bevor die heimische Segelschiffahrt erblühte, zusammen mit etwas Landwirtschaft den Haupterwerbszweig. Noch heute fischt man im Bodden: Aal, Zander, Hecht, Barsch und Karpfen. Doch die Erträge reichen nicht mehr aus, um allein davon leben zu können.

Hohe, mit Kiefern bewachsene Sanddünen säumen den Ostseestrand hinter Neuhaus. Sicher, sie sind nicht ganz so gewaltig wie die berühmten Wanderdünen an der Kurischen Nehrung, immerhin gehören sie aber zu den höchsten an der mecklenburgischen Küste. Auf der anderen Seite dehnt sich weites, flaches Land. Man blickt über Wiesen, auf denen Schafe und Kühe weiden, über braune Moortümpel und Wassergräben mit verschilften Rändern. Dahinter blinkt der Bodden. An seinen Ufern wiegt sich sanft das Röhricht des vergangenen Jahres im Wind; durch das leuchtende Gelb der Halme schimmern schon die jungen Triebe. Der Himmel strahlt ein helles Frühlingslicht, sein seidig-blauer Glanz spiegelt sich auf dem Wasser. Jenseits des Boddens hebt sich die Festlandküste als ein dünner blauer Streifen vom Horizont ab. Im Süden der Kirchturm von Ribnitz. Ein Bild, das zum Träumen verführt. Ankunft auf dem Fischland.

Für manche Fremden gehören die Ribnitzer Stadtwiesen, die sich zwischen Dierhagen und Wustrow erstrecken, zum Fischland. Solch eine Zusammenfassung ist aber nicht richtig. Auch Ahrenshoop, für viele der Inbegriff des Fischlandes, liegt außerhalb von „Swante Wustrow“, der heiligen Insel, wie früher das Fischland genannt wurde. Das historische Fischland, zu dem die Ortschaften Wustrow sowie Alt- und Niehagen gehören, reicht lediglich von der Landenge an der Permienbucht, die zugleich die schmalste Stelle zwischen Meer und Bodden markiert, bis zum steilen Kliff bei Ahrenshoop.

Altes wie neues Zentrum des Fischlandes ist Wustrow, ein kleinstädtisch wirkendes Dorf, das die Wärme und Schönheit vergangener Tage wie in einem wohlbehüteten Reservat erhalten hat. Wustrow braucht man nicht zu suchen, es kommt dem Besucher mit seiner als Landmarke weithin sichtbaren Kirche entgegen. Sie steht auf einer Anhöhe nahe dem Hafen, mit ihrem mächtigen Turm über den Bodden in Richtung Ribnitz weisend, der Stadt, mit der Wustrow jahrhundertelang verbunden war. Unterhalb seines Helms hat der Turm eine umlaufende Galerie, die zu besteigen der Mühe wert ist, denn aus dieser luftigen Höhe gewinnt man eine unvergleichlich schöne Rundumsicht über Meer und Land. Der neugotische Backsteinbau wurde von 1869 bis 1873 errichtet und ersetzte ein älteres Kirchlein aus Feldsteinen, das an gleicher Stelle gestanden hatte. Doch auch dieser Vorgängerbau war vermutlich nicht das erste Zeichen religiöser Gesinnung auf dem Fischland. Der künstlich angelegte Hügel, auf dem auch die heutige Kirche steht, soll zur Zeit der slawischen Besiedlung Sitz eines wendischen Heiligtums gewesen sein. Eine Sage erzählt, der Hügel sei in uralten Zeiten von einem Riesen mit Hilfe eines Schimmels in einer einzigen Nacht aufgeschüttet worden. Dieser Riese, so heißt es weiter, sei der Wendengott Swantevit höchstpersönlich gewesen, der im Krieg gegen die Feinde seinen Tempel verteidigte. Auf der Suche nach Fundstücken, die den Ort als heidnisches Heiligtum hätten belegen können, blieb man allerdings erfolglos. Nach einer Beschreibung des Propstes Vermehren, der Anfang der 1930er Jahre auf dem Fischland amtierte, stellt man sich heute das wendische Heiligtum als einen Tempelbau aus Holz mit reichem Schnitzwerk vor, dessen Mittelpunkt ein Bildnis des vierköpfigen Gottes Swantevit bildete. Solche ehemaligen Kultstätten sind auch anderenorts, zum Beispiel auf Rügen, bekannt. Im Umkreis des Tempels waren die Schädel von Pferden aufgespießt, die man geopfert hatte. Bei einem Gang durch Wustrow konnte man noch vor wenigen Jahren ein Haus entdecken, dessen Giebelzeichen nicht, wie sonst üblich, aus geschnitzten Holzbrettern, sondern aus zwei aufgesteckten Pferdeschädeln bestand. Dieser recht sonderbare Schmuck als Giebelabschluss eines Wohnhauses musste nicht zwangsläufig mit dem slawischen Brauchtum der Opfergaben zu tun haben, dennoch wurde man bei seinem Anblick daran erinnert.

Als weithin sichtbarer Orientierungspunkt steht der Kirchturm seit einigen Jahren nicht mehr allein. Nicht weit von ihm entfernt wurde ein Windkraftwerk errichtet, dessen 25 Meter langer Rotor sich in 30 Meter Höhe dreht. Seine Jahresleistung wird mit etwa einer halben Million Kilowattstunden angegeben.

Wustrow – wie es einmal war. Das alte Dorfbild im Zentrum ist mittlerweile durch Neubauten mehr und mehr verwischt worden. Unverändert dagegen blieb die neugotische Kirche, deren Bau im Jahre 1873 vollendet wurde.

Trotz der naturverträglichen Energieerzeugung dieses Giganten mag man etwas wehmütig an die Zeit zurückdenken, als auf dem Fischland noch die hübschen hölzernen Windmühlen ihren Dienst verrichteten. Am nördlichen Ortseingang hat eine von ihnen als restaurierter Torso überlebt. Sonst aber kennt man sie nur noch von alten Bildern.

Wenn man von Südwesten über die Fischlandchaussee kommt, fällt inmitten der Wiesen am Ortseingang ein Segelschiff auf, das, auf einen kleinen Erdwall aufgedockt, fast schon zu einem charakteristischen Kennzeichen von Wustrow geworden ist. Es handelt sich dabei um den ehemaligen dänischen Zweimastschoner „Stinne", der an einem stürmischen Wintermorgen im Jahre 1965 auf der Fahrt von Odense nach Stockholm vor der Küste Wustrows gestrandet war. Menschen kamen bei dem Unglück nicht zu Schaden. Angesichts der hohen Kosten verzichtete der Eigner auf die Bergung und ließ sich stattdessen dieVersicherungssumme auszahlen. Ein volkseigener Betrieb erwarb das „Strandgut", verlegte es auf die Boddenseite nahe dem Hafen und baute es zu einem Ferienheim für seine Arbeiter um. Heute steht es allen Gästen als Hotel-Restaurant offen.

Zu der südlichen Ortssilhouette gehört außerdem das Gebäude der ehemaligen „Hochschule für Seefahrt", für die Wustrow bekannt war. Doch davon soll später die Rede sein.

Urkundlich wurde „Swante Wustrow" erstmals 1235 erwähnt und zwar in einer Originalurkunde von Papst Gregor IX., der darin das Land als Eigentum des Zisterzienserklosters Dünamünde in Livland bestätigte. In der darauffolgenden Zeit wechselten die Besitzverhältnisse mehrmals. Ab 1328 gehörte Wustrow 341 Jahre lang, bis 1669, zum Eigentum des Klarissinnenklosters von Ribnitz. Die Nonnen kontrollierten den Fischhandel und beanspruchten das Vorkaufsrecht der Fänge. Auch übten sie die Strandgerechtigkeit aus, das Anrecht auf alles Wrackgut, das die See an Land spülte.

Ein kleines Schmuckstück ist die kunstvoll geformte Holzbank, die die Giebelseite eines denkmalgeschützten Hauses in Wustrow schmückt. Solche Bänke gehörten früher zu jedem Schifferhaus.

Strandungen kamen in diesem Küstengebiet häufig vor und passieren auch gegenwärtig noch, trotz des Leuchtturms am Darßer Ort und der Wustrower Nebelsignalanlage. Das durch Schiffbrüche angelandete Gut wurde als Geschenk des Himmels betrachtet, gehörten doch oftmals Dinge dazu, die man gut gebrauchen konnte. Damals pflegte man sogar in der Wustrower Kirche – wie es übrigens an Nord- und Ostsee allgemein üblich war – für einen „gesegneten Strand zu beten". Gegen diesen Brauch – implizierte er doch, sich am Unglück anderer gütlich zu tun – wurde in Mecklenburg im Jahre 1777 ein Verbot erlassen. In dieser Zeit hätten es die Fischländer aber auch gar nicht mehr nötig gehabt, einen reichlich gedeckten Strand zu erflehen, begann doch jetzt für sie eine Veränderung, die das Küstenland binnen kurzer Zeit zu Ansehen und Wohlstand führen sollte.

Der Mann, von dem sie ausging, war Lehrer an der Wustrower Schule. Es war jener große Cyrus, der, wie Gerhard Ringeling in seinem Buch über das „Seefahrend Volk" schrieb, „nachts mit seinem Teleskop nach den Sternen schaute und am Tage in zäher Arbeit die Geheimnisse der Triangulation in die Köpfe der blonden Dorfjugend hämmerte". Dieser Mann setzte den Keim, der aus dem Fischland das Land der Schiffer machte, der aus Bauern, aus Aalstechern und Krabbenfängern tüchtige Seeleute machte. Und die Jugend von Wustrow hörte ihm gebannt zu, sah sie doch hierin die Chance, vorwärtszukommen. Dem Beispiel Cyrus' folgten später in Wustrow und Althagen andere alte Kapitäne, die bereits im Ruhestand lebten. Auf eigene Initiative gaben sie während der Wintermonate den heranwachsenden Jungen Unterricht in der Seemannskunst und den dazugehörigen mathematischen, astronomischen und nautischen Disziplinen, sodass sie befähigt waren, in Ribnitz die vorgeschriebene Prüfung zu absolvieren. Aus diesen Kursen entwickelte sich eine private Seefahrtsschule, aus der im Jahre 1846 die „Großherzogliche Navigationsschule" von Wustrow hervorging. Ursprünglich hatte man sich Ribnitz als Sitz dieser Einrichtung vorgestellt, doch einige Mitglieder des Stadtmagistrats sprachen sich dagegen aus, weil sie befürchteten, „dass die Seeleute zu viel und zu laut auf den Straßen randalierten".

Heute werden in Wustrow keine Kapitäne mehr ausgebildet. „Das alte Fischland ist ein sterbendes Land. Es stirbt an den Zivilisationskrankheiten, an denen alle abgelegenen Winkel heute zugrunde gehen, an der Chaussee, an der Eisenbahn, am Auto." Mit diesen etwas wehmütig klingenden Sätzen beschließt Gerhard Ringeling seine Erzählung vom alten Fischland, die 1938 in der zweiten Auflage erschien.

Doch noch immer strahlt ein Quäntchen Glück der verflossenen Zeit in diesem Land. Es schimmert aus den sauberen Kapitänshäusern und den alten Strohdachkaten mit den weit vorkragenden Krüppelwalmdächern. Und es leuchtet aus den Blumengärten, in denen sich im Sommer ein Farbenmeer von meterhohen Stockrosen und Ringelblumen ergießt. Mögen es auch nur Spuren sein, die an die vergangene Tradition anknüpfen, in den Herzen der Fischländer ist ein Bewusstsein verankert, das äußere Veränderungen überdauern und sich auf nachfolgende Generationen vererben wird. Das Fischland hat die Darßer Eisenbahn, die nach Kriegsende demontiert wurde, bereits überlebt. Es bleibt zu hoffen, dass es auch mit dem bedrohlich anwachsenden Autoverkehr fertig wird.

Ankunft auf dem Fischland: Man schaut über den Saaler Bodden, über Buchten und Schilfwiesen und erkennt schon von Weitem die Kirche von Wustrow, deren stattlicher Turm als Landmarke dient. Die kleine Anhöhe, auf der sie errichtet wurde, soll in weit zurückliegender Zeit Ort eines slawischen Heiligtums gewesen sein. Südlich der Ortschaft bildet der Saaler Bodden eine tiefe Bucht, die Permin heißt. Sie markiert die schmalste Stelle des Fischlandes. Hier führte das Flüsschen Recknitz seinen südlichen Arm ins Meer, bis seine Mündung Ende des 14. Jahrhunderts von den Rostockern zugeschüttet wurde. Die benachbarte Hansestadt wollte mit dieser Aktion das Aufblühen eines kleinen Seehafens an diesem Ort verhindern, dessen Konkurrenz sie fürchtete.

Wer von Ribnitz kommend zum Fischland fährt, passiert zunächst die Ortschaft Klockenhagen. Dort gibt es ein Freilichtmuseum, das unter anderem mehrere niederdeutsche Hallenhäuser aus verschiedenen Regionen zeigt. Dieser Haustyp war in den vergangenen Jahrhunderten in großen Teilen Mecklenburgs auf dem Lande verbreitet. Das hier abgebildete Beispiel – es stammt aus dem Kreis Ludwigslust – fällt durch seinen besonders schönen Schmuckgiebel auf. Im Gegensatz zu dem im nördlichen Landesteil verbreiteten Hallenhaustyp mit tief heruntergezogenem Walm und Dacheinschnitt für das Einfahrtstor hat dieses Haus einen Kröpelwalm.

Ein Frühlingsmorgen im Althäger Hafen bei Ahrenshoop: Noch liegt die Schlafstille der Nacht über dem Boddensee. Strahlend blau in blau ergänzen sich Himmel und Wasser. In der Vergangenheit spielte der Hafen für die Boddenfischer eine wichtige Rolle. Hier lagen viele Zeesenboote vertäut. Heute befinden sich die noch existierenden Exemplare überwiegend in privater Hand und werden von ihren Besitzern liebevoll gepflegt. Wenn sie bei der jährlich stattfindenden Althäger Fischerregatta hier zusammentreffen, dann ist der kleine Hafenraum vollständig mit braunen Segeln ausgefüllt.

Fischlandhaus
38

Das Fischlandhaus gehört zu einer Reihe Büdnerhäuser, die mit ihrem typischen Kröpelwalm und einem vorgeschobenen, von zwei Balken abgestützten Giebel das Bild der Neuen Straße in Wustrow bestimmen. Es repräsentiert den klassischen Typus des Katen. In der Mitte der Giebelseite liegt die von zwei kleinen Flurfenstern flankierte Tür, die früher zweigeteilt war. Man nannte sie Klöntür. „Es schwatzt sich nämlich nicht so gemächlich, wenn man in einer offenen stehen muss (…). Eine Kloehntür dagegen ist wie ein geöffnetes Fenster, auf dessen Brüstung man sich bequem stützen kann", schreibt Käthe Miethe in ihrem Buch über das Fischland. In dem 250 Jahre alten Fischlandhaus ist heute die Gemeindebibliothek untergebracht.

Nicht nur für den Geologen von hohem Interesse: Die Kliffranddünen des hohen Ufers. Angestrahlt vom warmen Licht der untergehenden Sonne, verwandeln sie sich in einen wahren Augenzauber. Nahe der zerklüfteten, bis zu 18 Meter hohen Abbruchkante führt ein Weg entlang, der zu den beliebtesten des Fischlands gehört.

Künstler entdecken ein Dorf

Die Chroniken wissen über das alte Ahrenshoop nicht viel zu berichten. Etliche Jahrhunderte lang schlummerte es im Dunkel, vergraben inmitten der „pommerschen Sandwüste", die das Meer einst aufgespült hat. Selbst in der Zeit, als die Namen Wustrow, Prerow oder Zingst in Schifffahrtskreisen schon einen guten Klang hatten, als Männer aus diesen Orten bereits die Weltmeere befuhren und die Namen ihrer kleinen Heimatdörfer in fremde Kontinente trugen, ließ Ahrenshoop seine Seiten im Buch der Geschichte unbeschrieben. Keine berühmten Seefahrer-Generationen sind hier ansässig; vergeblich sucht man in den Quellen nach Hinweisen, die ein wenig Glanz auf die ärmlichen Häuschen gelegt hätten. Es scheint, als sei Ahrenshoop schon immer für anderes bestimmt gewesen. Im Windschatten einer großen weißen Düne führte es ein weltvergessenes Dasein, ein Leben, dessen sprießende Träume im ewigen Flugsand immer wieder zu ersticken drohten. Wie trostlos der erste Eindruck war, den die Ortschaft dem Fremden bot, geht aus der Beschreibung hervor, die August v. Wehrs Mitte des 19. Jahrhunderts verfasst hat. Wenn man sich Ahrenshoop vom Darß her nähert, heißt es darin, kommt man „durch ein Meer von weißem Flugsande, der bei Sonnenschein die Augen wie ein weites Schneefeld blendet. Man vermutet eher, in eine Wüste Arabiens als in die Nähe menschlicher Wohnungen zu kommen".

Mehr als die Bewohner der anderen Dörfer am Weststrand und an der Boddenküste mussten sich die Ahrenshooper mit Wind und Wetter auseinandersetzen. Unerbittlich wirbelten die Weststürme

über ihre rohrgedeckten Katen. In immer neuen Schichten legte sich der feine Sand über Wege, Gärten und Äcker. Überhoch lag er auf der Dorfstraße; selbst vier Pferde, so wird berichtet, hatten alle Mühe, einen mit Holz beladenen Wagen vom Darß durchzubringen. Vom tiefen Sand, so behaupteten die Fischländer Nachbarn, hätten die Ahrenshooper einen eigentümlichen Gang bekommen. „Sie wühlen so", sagte man in Wustrow verächtlich.

Mit ein wenig Glück hätte die Entwicklung von Ahrenshoop ganz anders verlaufen können. Es stand nahe davor, ein Tor zur Welt zu werden. Ende des 14. Jahrhunderts ließ der pommersche Herzog Bogislaw VI. an der nördlichen Mündung der Recknitz eine Burg anlegen. Offensichtlich bestand sein Plan darin, die natürliche Öffnung zwischen Meer und Bodden zu einem befestigten Seehafen auszubauen und dort eine Residenz zu gründen. Sicherlich lag es dem Pommernherzog auch am Herzen, Macht und Einfluss der zusehends wachsenden Hansestädte zu begrenzen. Als der stattliche, von Gräben und Wällen umgebene Wehrturm bereits fertiggestellt war, mochten die Rostocker dem Treiben nicht mehr länger zusehen. Einen solchen Rivalen vor der eigenen Haustür konnte man nicht dulden; so fackelten sie nicht lange, entsandten Schiffe mit 1000 wehrhaften Männern nach Ahrenshoop und zerstörten die Festung. Um ihre Ansprüche auf Alleinherrschaft in dieser Gegend zu unterstreichen und für alle Zukunft eine Wiederholung solcherart Vorhaben zu erschweren, schütteten sie die Öffnung, die den Bodden mit der Ostsee verband, zu. Heute erinnert der Straßenname „Am Strom" an die Stelle, wo die Recknitz einst ins Meer floss. Das war im Jahr 1395. Der Rest des einstigen Mündungsarms besteht nur noch aus einem unbedeutenden Rinnsal, „über das wir uns als Kinder mit Vorliebe stellten, um einen Fuß auf preußischen und einen auf mecklenburgischen Grund zu setzen", schrieb Käthe Miethe.

Bogislaw VI. war bereits zwei Jahre vor dem kriegerischen Eingriff der Rostocker gestorben. Sein Nachfolger hatte auf eine Vergeltung verzichtet, und so war der Traum von einem Hafen- und Handelsplatz bei Ahrenshoop zerstört.

Die Kirche von Ahrenshoop passt in die Landschaft wie die rohrgedeckten Katen. Sie wurde 1951 nach einem Entwurf des Architekten Hardt-Walter Hämer gebaut und gleicht einem kieloben liegenden Boot.

Lange Zeit ist dann von Ahrenshoop nichts mehr zu hören. Erst im Jahre 1532 wird es als Wohnort genannt. Vermutlich handelte es sich dabei um eine Niederlassung zum Bergen der Heringsfänge, eine sogenannte Vitte. Solche Einrichtungen, die sich allmählich zu kleinen Fischersiedlungen entwickelten – berühmte Vitten gab es auf Rügen und Hiddensee –, entstanden überall dort, wo Fisch gefangen und angelandet wurde und wo die Uferbeschaffenheit es erlaubte, Anlagen für die Verarbeitung und Verladung aufzubauen. In der Wahl des Standortes schien die Ahrenshooper Vitte kein Glück gehabt zu haben. Die Flut von 1625 soll sie niedergerissen haben.

Möglicherweise aber geht der Name „Vittebrook“, der den heutigen Ortsteil zwischen dem Grenzweg und Am Strom kennzeichnet, auf die alte Niederlassung zum Bergen der Heringsfänge zurück. Eine andere Deutung bringt diese Bezeichnung mit einer Kultstätte in Verbindung, die dem heiligen Vit oder Veit gewidmet war, und die ein slawisches Heiligtum abgelöst haben könnte. Der heilige Vit leistete als Leitbild bei der Bekehrung der Wenden zum Christentum wichtige Hilfe. Wegen seiner Namensähnlichkeit mit dem Wendengott Vit, so dachten die Missionare, ließen sich die heidnischen Wenden leichter überzeugen.

Die neuere Geschichte Ahrenshoops, die Besiedlung, aus der die heutige Gemeinde hervorgegangen ist, fand erst Mitte des 18. Jahrhunderts statt. Mecklenburgische, teils auf dem Fischland wohnende Seeleute ließen sich hier nieder, weil das Gebiet nach dem Dreißigjährigen Krieg zu Schweden gehörte und Schiffer, die unter schwedischer Flagge segelten, den „Türkenpass“ erhielten, eine Art Sicherheitsbrief, der die Fahrten im Mittelmeer berechenbarer machte. Sie bauten ihre niedrigen Häuschen hinter jener alten Düne, deren Reste an der Boddenseite der Dorfstraße vereinzelt noch vorhanden sind. Dort, wo heute die Dorfstraße entlangläuft, begann damals der eigentliche Sandstrand. Mittels eines dreifachen Zauns und durch Anpflanzung von Weidengebüsch, das trotz der widrigen Umstände gut gedieh, versuchte man den Flugsand aufzuhalten. An den Zäunen staute sich der Sand und bildete nun hohe Dünen. Erst viel später wurde ein neuer Dünenwall künstlich geschaffen, der die Anlage einer zweiten Häuserreihe an der Meeresseite der Dorfstraße erlaubte.

Während die ersten Häuser gebaut wurden, hatten die Schiffer ihre Habseligkeiten vorerst in Mecklenburg gelassen. Vor allem aber waren die Regale und Fässer der Gaststätten noch leer. So bekamen die Zimmerleute und Maurer beim Richtfest nicht die ihrem Durst entsprechende Menge Bier und Branntwein. Beim üblichen Kranzaufsetzen, so berichtet August v. Wehrs, übersahen sie vom Giebel der Häuser die armselige Sandküste und nannten in ihrem Unmut die neue Häuserreihe „Poversdorf“. Der Name wurde rasch vom Volksmund aufgegriffen. Die Bewohner aber wollten ihre kleine Siedlung Schifferreihe genannt wissen. Diese bildete fortan zusammen mit dem einzigen Bauernhof, dem Paetowschen Gehöft, den alten Kern Ahrenshoops.

Als gegen Ende des 19. Jahrhunderts mit dem Niedergang der großen Segelschifffahrt der Glanz jener Dörfer, die sich der Seefahrt zugewandt hatten, bereits verblasste, begann für Ahrenshoop die glücklichste Zeit. Maler, die den Reiz der Abgeschiedenheit und unberührten Natur suchten, wurden auf das einsam gelegene Dorf aufmerksam. Sie entdeckten die eigenartige Atmosphäre der von Dünen und windzerzausten Bäumen umschlossenen Fischerhäuser und begannen dort zu malen. In ihren Bildern schilderten sie eine Landschaft, die durch ihre Innerlichkeit, ihre Geborgenheit und beschauliche Ruhe tief beeindruckte. Und mit einem Male wurde diese zuvor als unattraktiv und wenig inspirierend empfundene Gegend, dieses „von der Natur nicht gerade begünstigte Ländchen“, wie es noch wenige Jahre zuvor in einer illustrierten Reisezeitschrift hieß, zum Erlebnishintergrund für das kreative Wirken einer ganzen Künstlergeneration. Bald kamen weitere Maler in „dat povere Dörp“, und einige von ihnen ließen sich dort nieder. Unter den fassungslosen Blicken der Nachbardörfer entwickelte sich Ahrenshoop zu einer Künstlerkolonie. Und für das ärmliche Dünendorf, dem zuvor niemand besondere Aufmerksamkeit geschenkt hatte, begann ein neues Kapitel der Geschichte. Die ersten Seiten schrieb der aus Oldenburg stammende Maler Paul Müller-Kaempff. Mit seinen „Erinnerungen an Ahrenshoop“ hinterließ er ein wertvolles Zeitdokument.

Ahrenshoop auf einer alten Postkarte: breite, sandige Wege ohne Asphalt oder Beton und rohrgedeckte Katen im Schutze kräftiger Bäume, die schon manchen Sturm überstanden haben.

Das Motiv ist bekannt, es gehört zu den schönsten der mecklenburgischen Küste: Der Blick vom Hohen Ufer bei Ahrenshoop über den Ostseestrand. Rohrgedeckte Katen, Dünen, Meer und in der Ferne die dunkle Linie des Darß. „Das war ein Studienplatz, wie ich ihn mir immer gewünscht hatte", schwärmte der Maler Paul Müller-Kaempff, als er an einem Spätsommertag im Jahre 1889 während eines Spazierganges am Hohen Ufer diesen Platz entdeckte und hier auf den Kollegen Carl Malchin stieß. Paul Müller-Kaempff war der erste Maler, der sich in Ahrenshoop niedergelassen hatte. Sein Name ist mit der Gründung der Künstlerkolonie eng verbunden.

Landschaftsmaler waren es, die vor etwa hundert Jahren den eigenwilligen Charakter dieser zuvor unbekannten Gegend entdeckt hatten. In den alten Fischerhäusern, dem Meer- und Boddenufer und besonders in den windzerzausten Bäumen am Darßer Weststrand fanden sie einen beglückenden Reichtum an Motiven.

Die glücklichen Tage von Ahrenshoop

Der Maler Paul Müller-Kaempff stieß während einer Wanderung am Hohen Ufer im Spätsommer 1889 zufällig auf Ahrenshoop. So wie ihm dürfte es damals vielen seiner Künstlerkollegen ergangen sein, als sie zum ersten Mal das Dorf sahen: Sie hatten von seiner Existenz keine Ahnung. In seinen „Erinnerungen an Ahrenshoop" schreibt der Maler: „Wir (...) blickten überrascht und entzückt auf dieses Bild des Friedens und der Einsamkeit. Kein Mensch war zu sehen, die altersgrauen Rohrdächer, die grauen Weiden und grauen Dünen gaben dem ganzen Bilde einen Zug tiefsten Ernstes und vollkommener Unberührtheit. So sah Ahrenshoop damals aus. Nirgends ein öder Nützlichkeitsbau mit Pappdach, nichts was den Gesamteindruck störte; die Dorfstraße sehr breit und sandig – man sagte: den Ahrenshooper erkennt man an seinem Gange –, kein Drahtzaun, keine Reklametafel. Hinter dem Dorfe auf dem Schifferberge blickte der Kirchhof mit weißen und schwarzen Holzgittern und Kreuzen herüber, überwuchert von goldgelb blühendem Habichtskraute. Stieg man weiter hinauf auf die sogenannte Schwedenschanze, so sah man in die Einsamkeit hinaus. Nirgends ein Haus: Dünen, Wald und See, in der Ferne die dunkle Linie des Darß. Die Dünen gekrönt von uralten Weißdornbäumen, Stechpalmen und wilden Rosen."

Das war ein Studienplatz, wie ihn sich Paul Müller-Kaempff immer gewünscht hatte. Er verlegte sein Ferienquartier von Wustrow nach Ahrenshoop und fand eine bescheidene Unterkunft in dem Häuschen von Mutter Schumacher.

Porträt des Malers Paul Müller-Kaempff (1861–1941). Der aus Oldenburg (Old.) stammende Künstler siedelte 1889 nach Ahrenshoop über. Drei Jahre später besaß er dort in der Dorfstraße 18 ein eigenes Haus. Er gründete eine Malschule und heiratete 1905 eine seiner Schülerinnen.

Dort begann er eifrig zu malen. Jahr für Jahr kam er wieder. „Wie viele Bilder habe ich in den langen Jahren von Ahrenshoop, Alt- und Niehagen gemalt!", schreibt er und bekennt: „Diese ernste Landschaft sagt meinem Empfinden am meisten zu, so habe ich stets derartige Motive bevorzugt."

Drei Jahre später, 1892, hatte er in der Dorfstraße 18 auf Schumacher'schem Grund und Boden ein eigenes Häuschen mit Atelier gebaut. Damit war er der erste Maler, der sich in Ahrenshoop wohnlich niedergelassen hatte. Bald kamen Freunde und Kollegen zu Besuch, und mit der Zeit bildete sich ein illustrer Kreis regelmäßiger Gäste um ihn. Zwei Jahre nachdem er seine neue Wohnstätte bezogen hatte, eröffnete er auf der Straßenseite gegenüber eine Malschule.

Bald kamen weitere Maler und Malerinnen, die seinem Beispiel folgten und für immer blieben: Elisabeth von Eicken, Anna Gerresheim, Fritz Grebe, Martin Körte und Hugo Richter-Lefensdorf sowie die Schülerinnen Müller-Kaempffs, Elisabeth Pannewitz, Henriette von Choffel und Hella Hegewald. Alle diese Künstler hatten sich schon vor der Jahrhundertwende Häuser gebaut. Erst später gesellten sich Friedrich Wachenhusen, Theobald Schorn und Franz Triebsch dazu. Als letzter der damaligen Malergeneration baute sich Alfred Partikel im Jahre 1925 ein Haus in Ahrenshoop. Einige Künstler ließen sich auch in dem benachbarten Althagen nieder.

In dem armseligen Dorf mit seinen alten Fischerkaten, den sandigen Wegen, den Dünen, dem Meer- und Boddenufer, den Windflüchtern am Strand und dem märchenhaften Darßwald fanden die Maler einen beglückenden Reichtum an romantischen Motiven.

Ahrenshoop hatte keinen Chronisten. Die bestehenden, eher anekdotenhaften Überlieferungen geben nur lückenhaft Aufschluss über die beginnende Entwicklung der Künstlerkolonie. So bleibt ungewiss, wem der Vorrang gebührt, den Ort entdeckt zu haben. Paul Müller-Kaempff war nicht der erste Maler in Ahrenshoop. Er traf dort auf Carl Malchin, der, wie datierte Skizzenblätter bezeugen, bereits seit 1882 in der Gegend gearbeitet hat. Seine Bilder – ein großer Teil ist im Besitz des Staatlichen Museums von Schwerin – zeigen die für das Fischland so charakteristischen Stimmungen. Doch auch Malchin soll, Berichten zufolge, bereits eine Vorgängerin gehabt haben: Eva Stort, eine ebenso legendäre wie für den Ahrenshooper Geschmack bizarre Erscheinung. Käthe Miethe schreibt über sie: „Vor allem wird ihr ein Bart nachgesagt, weswegen sie als ein verkleideter Mann galt, sogar als Spion. Sie ließ einen Dorfjungen in einer aufgeschlitzten Hose auf dem Hohen Ufer Modell stehen und bezahlte ihm 15 Pfennig dafür. Und sie hatte durchaus das Verlangen, in die Ostsee zu steigen. Zu diesem Behufe ließ sie sich von Vater Schumacher aus Rohr eine kleine Hütte bauen, in deren Schutz sie sich am Strande aus- und ankleidete."

Anderen Berichten zufolge aber gebührt nicht Eva Stort das Verdienst, Ahrenshoop entdeckt zu haben, sondern einer Malerin aus Ribnitz, Anna Gerresheim. Wie dem auch sei, an der Bildung der Künstlerkolonie, die Anfang der 1890er Jahre deutlichere Konturen annahm, hatte Paul Müller-Kaempff entscheidenden Anteil.

Dem Kreis der Maler schlossen sich mit der Zeit Gleichgesinnte an. Bekannte und weniger bekannte Namen gesellten sich hinzu, und obwohl bei dem einen

Blick auf Ahrenshoop; undatierte Zeichnung von Paul Müller-Kaempff (1861–1941). Der als Landschaftsmaler bekannte Künstler entdeckte dieses Motiv im Sommer 1889 während einer Wanderung am Hohen Ufer. Die damals noch weitgehend unbekannte Ortschaft bot ihm ein Bild von Frieden und Geborgenheit.

oder anderen der Kontakt mit der Künstlerkolonie eher einer flüchtigen Stimmung als einem tiefgehenden Gefühl entsprang, bekunden ihre Bilder dennoch eine große Sympathie für das Land zwischen Meer und Bodden.

Das stille, verträumte Dorf, das Landschaftsmaler einst entdeckt hatten, konnte nicht lange im Verborgenen bleiben. Mit zunehmender Bekanntheit zog es auch andere Naturliebhaber an, allen voran die Vertreter des gebildeten Bürgertums, die hier ihren Ferienaufenthalt verbringen wollten. Ahrenshoop wurde nun doch noch Badeort. Unter den Gästen waren wiederum Künstler: Schriftsteller, Theaterleute und Sänger. Man dichtete Loblieder auf Ahrenshoop und schilderte das Leben der Fischländer Bevölkerung. Axel Delmar schrieb sein Stück „Die Ahrenshooper", das am 9. November 1893 im Berliner Schauspielhaus uraufgeführt wurde.

Trotz des vermehrten Zustroms von Leuten, die Ahrenshoop mit anderer Zielsetzung aufsuchten als die Anhänger der Künstlerkolonie, waren es um die Jahrhundertwende allein die Maler, die den Ton angaben. Wohin man auch schaute, überall, vom Hohen Ufer bis zum Darßer Wald, vom Dünengürtel bis zu den Boddenwiesen, saß jemand mit Malblock oder stand vor einer Staffelei. Bestimmte Motive, wie beispielsweise das Dornenhaus, waren regelrecht umlagert. Manche ließen sich in einem sogenannten Malhäuschen zum Ort des Motivs fahren. Solche Karren mit verglasten Fensteröffnungen boten dem Maler Schutz bei Wind und Wetter und, ausgerüstet mit einem Ofen, gestatteten sie auch im Winter die Arbeit in der freien Natur.

Den Einheimischen, die zuvor nur das karge Leben der „pommerschen Sandwüste" kannten, musste die Welt plötzlich wie verzaubert erscheinen. Mit einem Male gab es Blumen an den Fenstern, und alle staunten über den wundervoll blühenden Garten, den der Maler Hugo Richter-Lefensdorf mit Ilexbäumen, Farnen und Weiden angelegt hatte. Nicht weniger verwunderte das seltsame Verhalten der neuen Mitbewohner. Da gab es zum Beispiel eine Malerin, die jeden Morgen erneut die Pfütze auf der Dorfstraße mit Wasser füllte, weil diese zu ihrem Motiv gehörte. In Weiß gekleidete Malschülerinnen hockten in den Wiesen und sahen aus wie große

Pusteblumen. Andere saßen auf einem Stühlchen in der Landschaft, schauten und verinnerlichten den Anblick. Man wandelte genießerisch umher und pries die Schönheit der Natur. Alles war plötzlich ganz anders in Ahrenshoop. Die Zeit kam uns „wie im Märchen und wie ein einziges Fest vor, erfüllt vom Glanz des Ungewohnten“, beschrieb Käthe Miethe die Erinnerungen aus ihren Kindheitstagen. Und weiter schilderte sie: „Wir hatten in Ahrenshoop auch einen völlig anderen Vater bekommen. Er war nicht mehr der Professor, dessen Namen viele Menschen kannten (...). Der Vater war jetzt ein Mann, der in einer geliehenen grünen Joppe und einer Insektenspritze am Gürtel als Kammerjäger pfeifend zu einem Kostümfest in das damalige Hotel ‚Bogislaw‘ ging (...). Wir hatten in Ahrenshoop auch eine ganz andere Mutter als in Berlin, eine Mutter, die sich von Marie Boldt in Wustrow einen geblümten Flandernhut machen ließ, und die am Abend, wenn wir auf das Hohe Ufer wanderten, um die Sonne im Meer untertauchen zu sehen, und auf den letzten grünen Strahl bei ihrem Versinken warteten, plötzlich mit ausgebreiteten Armen zu singen begann: ‚Das Meer erglänzte weit hinaus.‘“

Andere wiederum pflegten in langem braunem Schleppkleid über die Dorfstraße zu wandeln, „unablässig Goethe zitierend und eine Wolke von Staub hinter sich lassend“, wie es in einem Bericht des Juristen Rudolf Ziel heißt, der 1903 mit zu den ständigen Gästen gehörte. Seine Aufzeichnungen vermitteln einen hübschen Eindruck von dem gesellschaftlichen Treiben der Gäste. Über seine Unterkunft schreibt er: „Es war ein ziemlich kümmerliches Käfterchen nahe der Hofseite, mit roten Ziegelsteinen gepflastert und nur eine eiserne Bettstatt, Stuhl, Waschständer und Kommode enthaltend, das ich für ganze zehn Mark wöchentlich vier Wochen lang bewohnte. Die beiden behaglicher eingerichteten Vorderstuben hatte Selma Fischer inne, das ‚Photographiermodell‘ des Professors Adolf Miethe, die alsbald in meinem Leben eine so bedeutsame Rolle spielen sollte. In der Pension Lobe wohnten auch Edmund Edel und Albert Einstein, von dessen weltweiter Bedeutung damals wohl niemand, ich jedenfalls nicht, eine Ahnung hatte. Ich sehe ihn noch pfeifend und zeichnend auf dem Rande des Dorfbrunnens sitzen, der schräg vor dem Kayselschen Grundstück in der Drift der Dorfstraße ist.“

Der Sonnenuntergang am Weststrand war ein Schauspiel, dem auch Gerhart Hauptmann, als er 1930 für einige Wochen nach Ahrenshoop gekommen war, allabendlich mit seiner Gattin auf der Düne mit feierlicher Andacht beiwohnte: „Mit tiefer Verbeugung“, so wird erzählt, „grüßte er den scheidenden Feuerball, wenn er den Meereshorizont berührte, mit tiefer Verbeugung, wenn er zur Hälfte versunken war, mit tiefer Verbeugung, wenn er ganz hinuntergetaucht war.“

Die Künstler und Fremden brachten einen bisher nie gekannten Lebensstil nach Ahrenshoop. Sie verbreiteten eine Atmosphäre, die die Menschen dem Alltag entrückte und die Leichtigkeit des Daseins betonte. Abends traf man sich mit den Einheimischen in der Gaststätte, dem heutigen „Seezeichen“, oder versammelte sich gelegentlich zu bunten Festen im Hotel „Bogislaw“, das 1892/93 erbaut wurde, und in dem Paul Müller-Kaempff zusammen mit Friedrich Wachenhusen einen Saal mit Wandbildern ausgemalt hatte. Das Hotel wurde 1968 abgerissen und durch ein Kurhaus ersetzt. Aber auch diese Einrichtung fiel schließlich der Abrissbirne zum Opfer, nachdem sie, jahrelang verwahrlost, den Ahrenshooper Schifferberg keineswegs mit Schönheit zierte. An gleicher Stelle entstand jetzt ein neues, luxuriös ausgestattetes Hotel, ein imposanter Bau, der dem schicken Umfeld und den gehobenen Ansprüchen seiner Gäste gerecht werden will. Als „Kurhaus Grand Hotel Moderne“ wird es nun ein weiteres Kapitel in der Geschichte dieser Örtlichkeit schreiben.

Nicht jeder fand damals Geschmack an dem außergewöhnlichen Treiben der Maler. Mit folgendem Vers brachte ein Badegast sein Befremden zum Ausdruck:

Ich kam hierher ganz ahnungslos,
Das Seebad zu genießen,
Da sah ich Maler, Pilzen gleich,
Rings aus der Erde schießen.
Es gibt an keinem Ort der Welt
Solch Massenheer von Pinseln,
Auch hört ich hinter jedem Busch
Ein feuchtes Malweib winseln.
Sie streifen hier durch Feld und Flur,
Bald einzeln, bald im Rudel, – (...)

Beißender Spott ergoss sich vor allem über die „Malweiber“. So nannte man die Malschülerinnen, die in Ahrenshoop besonders von der Schule Paul Müller-Kaempffs (Haus Lukas) angelockt wurden. „Eine Flut von Minderbegabten (...) und alle fühlen sich berufen“, so höhnte man. Private Schulen wie die von Müller-Kaempff waren damals bei den Töchtern des gebildeten Bürgertums sehr beliebt, boten sie doch in einer Zeit, in der den Frauen nicht viele Berufschancen offenstanden und ihnen das Studium an Hochschulen noch verwehrt war, die Möglichkeit einer künstle-

Tuschezeichnung von Georg Hülsse. Mit wenigen Pinselzügen verstand es der Ahrenshooper Maler und Grafiker, den Zauber dieser Landschaft darzustellen. Der 1914 in Düsseldorf geborene Künstler kam nach dem Zweiten Weltkrieg zum Darß und war bis zu seinem Tod 1996 der vorerst letzte Angehörige einer mehr als hundertjährigen Geschichte Ahrenshooper Maler.

rischen Ausbildung außerhalb des staatlich gelenkten Lehrbetriebs. Doch Frauen, die Malen nicht nur als Zeitvertreib, sondern als Beruf auszuüben gedachten, störten die spießbürgerliche Harmonie. Man betrachtete sie als die Verkörperung der Frauenemanzipation, die man noch mehr ablehnte als die vermeintliche Minderbegabung, der man die „Malweiber" bezichtigte. In einer Karikatur von 1900 wurden sie von dem Maler und Plakatkünstler Edmund Edel als eine besondere zoologische Spezies dargestellt: „gallina pictor communis Ahrenshoopiensis" nannte er sie – das „gemeine Ahrenshooper Malhuhn". Die Skizze zeigt eine Frauengestalt mit Flandernhut auf dem Kopf und mit Malutensilien bepackt zum Ort des Motivs eilen.
Mit der Zeit wurde es immer schwieriger, neue Motive zu entdecken. So beschränkte man sich auf wenige, häufig wiederkehrende Bildinhalte. In seinem Roman „Hilde Vangerow", in dem das Ahrenshooper Leben zur Zeit der Malerkolonie beschrieben wird, hat der Autor Heinz Tavote die künstlerische Verarmung, die sich aus der Verknappung der Motive ergab, in ironisch-bissigem Ton beschrieben. Seiner Schilderung zufolge, mit der sich der Autor bei den Ahrenshoopern wegen der ironischen Darstellungsweise nicht sehr beliebt gemacht hatte, nahm der Kampf um die Motive mitunter bizarre Auswüchse an. Selbst wenn die angeführten Begebenheiten überzeichnet sind, so war die Kritik doch nicht ganz unberechtigt. Denn die Abgeschiedenheit, in der die Maler schöpferische Freiheit gesucht hatten, drohte sich mit der Zeit als Enge zu erweisen, unter der die schöpferische Vielfalt litt. Da ist etwa von einem Maler die Rede, der eine besonders schöne Blumenrabatte zerstörte, damit ein anderer, der ebenfalls darauf aufmerksam geworden war, sich des Motivs nicht mehr annehmen konnte. Aus gleichem Grund wurde die rotbraune Farbe von einer Tür gekratzt oder Bäume, die eine Wegbiegung besonders reizvoll aussehen ließen, kurzerhand gefällt.
Mittlerweile waren die Werke der Ahrenshooper Künstlerkolonie auf allen großen Berliner und Mecklenburger Ausstellungen zu sehen. Die Motive von windzerzausten Bäumen und kleinen Fischerhäusern mit tief heruntergezogenen Krüppelwalmdächern, von Dünenwäldern und glänzenden Boddenseen, riefen Begeisterung hervor und zeigten dem interessierten Publikum, was die Maler aus der weiten, einfachen Küstenlandschaft hatten machen können.
Auch vor Ort verfügten die Ahrenshooper Künstler mit der Gründung des Kunstkaten im Jahre 1909, die den Malern Paul Müller-Kaempff und Theobald Wachenhusen zu verdanken ist, über eine Ausstellungsmöglichkeit. Der blau angestrichene Katen entsprach dem Typ des Fischlandhauses und sollte allen Bauwilligen Vorbild für einen der Landschaft angemessenen Stil sein. Denn unter dem Einfluss der Fremden drohten die charakteristischen Züge des Ahrenshooper Gesichts allmählich zu verwischen. Zu viele neue Häuser waren entstanden, die nichts mehr mit der typischen Bauweise des alten Dünendorfes zu tun hatten. Immer mehr rote Ziegeldächer ragten über die alten verwitterten Katen. Schon die ersten Künstler in Ahrenshoop hatten sich nicht an der Bauweise der Einheimischen orientiert. Sie bauten hoch, großräumig und sentimental; dennoch waren die Häuser von Müller-Kaempff, Wachenhusen, Richter-Lefensdorf oder Körte keine Fremdkörper im Dorf. Vieles aber von dem, was später gebaut wurde und heute immer noch gebaut wird, ist Ausdruck des Nichtverstehens einer landschaftsgebundenen Architektur.
Schon bald nach seiner Entdeckung blühte in Ahrenshoop üppige Bodenspekulation. Bauwilligen boten sich verlockende Angebote. Ein Rostocker Architekt pries in einer Broschüre die Vorzüge des von ihm entworfenen Waldhauses „Darßer Blick" und warb für Bauvorhaben in den Dünen nahe am Wald. Nicht alle fühlten sich wohl bei dem Gedanken, dass der Dünensaum mit Pensionen und Häusern im städtischen Stil zugemauert werden sollte. Während die einen sich anstrengten, mit dem Zustrom der Fremden viel Geld zu verdienen, sahen andere die kleine, heile Welt bedroht, um derentwegen sie gekommen waren. Besonders jene Fremden, die sich mittlerweile schon als Ahrenshooper fühlten, sahen das gefährdet, was den eigentlichen Reiz des Fischerdorfes ausmachte. Sie schlossen sich deshalb zu einem gemeinnützigen Verein zusammen, der, wie es in der Satzung hieß, den „Genuss der Schönheit von Ahrenshoop erleichtern" wollte durch „Einrichtungen der Ordnung und der Behaglichkeit". Neben vielen lauteren Absichten zum Wohle der Fremden setzte sich der Verein für den bodenständigen Haustyp ein und propagierte die einstöckige Bauweise und das rohrgedeckte Dach. Für die Umfriedung der Grundstücke sollten anstelle von Drahtzäunen Hecken gepflanzt oder Mauern aus Natursteinen geschichtet werden. Die „Forensen", wie die Fremden von den Einheimischen genannt wurden, gaben den Ton an und lenkten die Geschicke des Dorfes.
Je bekannter das Dorf wurde, je weiter es sich ausdehnte, desto mehr verschwand der ursprüngliche Charakter und mit ihm auch die Maler, die ihn erschlossen hatten. Einige waren gestorben, die meisten aber hatten ihr Haus verkauft und waren weggezogen. Der Erste Weltkrieg mit seinen wirtschaftlichen Folgen bedeutete das Ende der ursprünglichen Künstlergenerationen. Zu den wenigen Verbliebenen gesellten sich in den 1920er und 1930er Jahren unter anderem der Maler Alfred Partikel, der Bildhauer Gerhard Marcks und der Zeichner Fritz Koch-Gotha, die eine neue Künstlergeneration repräsentierten. Doch die tiefe Bindung an die Landschaft, wie sie für die Künstler um die Jahrhundertwende typisch war, resümiert Erich Venzmer in einem Aufsatz über Ahrenshoop, ist später nicht wieder erreicht worden.
Heute wird das Leben in Ahrenshoop vom Fremdenverkehr bestimmt. Die Malerei ist in den Hintergrund gerückt, dennoch gibt es mittlerweile wieder eine kleine Gruppe von Künstlern, die hier lebt und arbeitet.

Die Häuser auf dem Hohen Ufer sind durch den unaufhaltsamen Küstenrückgang gefährdet. Jahr für Jahr rückt die Abbruchkante ein Stück näher an sie heran. Durchschnittlich verliert die Fischländer Steilküste pro Jahr einen Streifen von 60 Zentimeter. Würde man diesen Prozess nicht durch küstenschützende Maßnahmen aufhalten, drohte diesen Häusern der Absturz.

Das Hohe Ufer in den Farben des Sommers. Die Steilküste ist von bizarrer Schönheit und verlockt viele Naturliebhaber zu einem Spaziergang. Treppenaufgänge ermöglichen den Wechsel zwischen „unten“ und „oben“. In den gelbbraunen Lehmmergelwänden erkennt man die winzigen Bruthöhlen von Uferschwalben.

Darßer Weststrand im Bereich der Rehberge. Je nach Lichtstimmung liegt ein Hauch von Melancholie über der Landschaft. Diesen Eindruck verstärken die seltsamen Wuchsformen mancher einzeln stehender Bäume, die sich von der vorherrschenden Windrichtung abgewandt haben und darum Windflüchter genannt werden. Nirgendwo im Bereich der südlichen Ostseeküste tritt die Wirkung der sogenannten Windschur deutlicher in Erscheinung.

Der Strand von Ahrenshoop nach einer künstlichen Sandaufspülung. Über die Wirksamkeit dieser Art von Küstenschutz streiten sich die Experten allerdings. Einig sind sich nur die Möwen. Für sie ist dann Schlemmerzeit, denn der frisch angeschwemmte Sandschlamm enthält ein unverhofftes und reichhaltiges Nahrungsangebot. Um die Gewalt des Meeres zu brechen, werden vor allem Buhnen gebaut. Diese ein- oder zweireihigen, im rechten Winkel zum Uferverlauf in den Meeresboden getriebenen Pfahlreihen sind ein charakteristisches Bild dieser Küste.

Der Darß – ein Märchenwald

Gestern stundenlang durch den Darß gewandert, Waldung, wie ich sie seit meiner Kindheit nicht mehr erlebt habe. Traumdickicht mit riesenhaften Gespensterfarnen, dann wieder üppigsprießende Wiesenlichtung, wie von Menschen unberührt (...)", schrieb Johannes R. Becher in seinem Tagebuch. Und er fährt fort zu schwärmen: „Wer kann dieses strahlende Gefühl mitempfinden, als der Weg sich lichtete, Wind wehte und Wellenrauschen hörbar wurde, der Himmel hereinglänzte und wir aus dem Waldesdunkel heraustraten und vors Meer hintraten, diesen tiefblauen Höhenzug am Horizont. Diese unendliche Meerlichtung. Wir waren wie die ersten Menschen (...)"

Schon ein Blick von der Steilküste bei Ahrenshoop macht neugierig: Dort, wo sich gegen Norden ein schmaler Streifen schwarz von den hellen Dünenkappen und dem weißen Spülsaum der Ostsee abzeichnet, beginnen die Waldungen des Darß. Sie bilden den ersten Abschnitt des 1990 mit dem Einigungsvertrag gegründeten Nationalparks „Vorpommersche Boddenlandschaft". Das Fischländer Ufer, wo in den abrutschgefährdeten Wänden der Steilküste Hunderte von Uferschwalben in ihren winzigen Höhlen brüten und aus dem Sanddorngebüsch das leise Wispern des Wintergoldhähnchens dringt, ist bestimmt ein geeigneter Ort, sich einen kleinen Vorgeschmack von diesem herrlichen Naturraum zu verschaffen.

Vielleicht wird nicht jeder für das hochsensible Naturgefühl Johannes R. Bechers empfänglich sein; wer aber in den Waldungen des Darß nicht nur eine Ansammlung von Bäumen erblickt, auch nicht allein eine Brutstätte von Mückenschwärmen, die sich im Sommer gierig myriadenweise auf jeden Warmblütler stürzen, und wer in dem reichen Baumbestand etwas anderes sieht als eine Rechenaufgabe in Festmetern, der wird den Darß als eine Quelle von Glücksempfindungen erleben. Denn dieser Wald ist wirklich ein kleines Paradies.

Sich zu fühlen „wie die ersten Menschen", so dürfte es auch dem Berliner Schriftsteller Heinrich Hauser auf dem Darß ergangen sein. In seiner Erzählung „Brackwasser", die im Jahre 1929 mit der Verleihung des Gerhart-Hauptmann-Preises gewürdigt wurde, bezeichnete er ihn als Urwald, wo die Bäume wachsen und altern können wie sie wollen, und wo sie zerfallen und faulen dürfen, bis sie der Boden, aus dem sie hervorgegangen sind, wieder aufgenommen hat. „Große Stürme", so schrieb er, „haben die höchsten Bäume, in denen sich der Wind wie in Segeln fing, gebeugt und ihre Wurzeln aus der Erde gerissen. Als die Wipfel donnernd ins Unterholz prasselten, rissen sie kleinere Stämme mit sich. Dicke Efeuranken, die ihre Kraft aus den Stämmen saugten, liegen geringelt wie zertretene Schlangen über dem Boden. Niemand holt Holz. Es fault, Schwämme wuchern darin, weiße und braune Pilze mit gewellten Rändern. Brombeersträucher tasten sich an den Wurzeln hoch. Viele solcher Windbrüche sind Sümpfe geworden, braunes Wasser steht in metallischen Farben über den Kuhlen, deren Boden mit faulenden Blättern bedeckt ist. Schilf wächst in langen Streifen an den Ufern. Große Ringelnattern gleiten wie Peitschenschnüre blitzschnell über die schmalen Wege, die das Wild getreten hat."

Nichts ist mit dem Darß so sehr verbunden wie die Vorstellung wildwüchsiger Urnatur. Dennoch: Der Darß ist kein Urwald, wenngleich es einige Stellen gibt, die man als Urwaldreste bezeichnen kann. Wie man bei August v. Wehrs nachlesen kann, wurde ihm mehrmals in der Vergangenheit durch Raubbau übel mitgespielt, sah man in ihm doch eine unerschöpfliche Quelle wertvollen Bauholzes. Hier wuchsen Kiefern, die zu den höchsten Mastbäumen verarbeitet werden konnten. Auch die Dänen, Schweden und Franzosen haben im Darßer Wald kräftig abgeholzt. Hinzu kam, dass sich die Armen unter der einheimischen Bevölkerung dort, so gut sie konnten, nach dem Motto „Ein Raub im Holze ist besser, als barmherzige Leute um Brot zu bitten" (Don Quijote zu Sancho Pansa), mit Holz eindeckten. Auch das Vieh wurde zum Weiden in den Wald getrieben. Doch gerade dieses Abholzen und das nachfolgende Neuwachstum durch wilde Besamung hat dem Darßer Wald vermutlich an manchen Stellen einen Charakter verliehen, den man heute als urwaldähnlich bezeichnet.

Die Forste des Darß sind ein Gebiet überraschender Vielfalt. Kiefern von prachtvollem Wuchs wechseln mit knorrigen Eichen und teilweise hochbetagten Buchen von fantastischer Gestalt. Die herrlichsten Beispiele findet man entlang des Mecklenburger Weges. Charakteristisch ist auch der Adlerfarn, der hier meterhoch und in unglaublicher Üppigkeit gedeiht. Wie Lianengestrüpp wuchern wilder Efeu und Waldgeißblatt – bekannter unter dem Namen „Jelängerjelieber" – zwischen dem Geäst von Buchen und Kiefern. Manche Bäume sind von den rankenden Gewächsen vollständig eingesponnen. Sie finden hier, dank des milden Klimas und der hohen Luftfeuchtigkeit, ideale Lebensbedingungen. Gleiches gilt auch für die Stechpalme, die stellenweise ein undurchdringliches Dickicht bildet. Gefallene, von Flechten und Moosen gänzlich überzogene Baumriesen sind selbst in ihrem verwurmten und vermodernden Zustand noch ein gewaltiger Anblick. In den lichten Kiefernforsten des Neudarß, wo auch einige Birken und Wacholderbüsche eingestreut sind, hat sich die Besenheide ausgebreitet; im August überzieht sie den Waldboden mit einem violetten Blütenteppich. In Strandnähe gibt es lagunenartige Waldteiche wie den Teerbrenner See oder die beiden Gewässer des Bramhakensees. Diese moorigdunkel glänzenden Gewässer waren ursprünglich Teile einer Meeresbucht, die im Laufe der Zeit von der Küste abgetrennt und vom Wald eingeschlossen wurden. Irgendwann werden auch sie vollständig verlanden und vielleicht eine Lichtung bilden, ähnlich der Buchhorster Maase, die in früherer Zeit ebenfalls ein Waldsee gewesen ist.

Das eigentlich Märchenhafte an diesem Wald aber sind die Erlenbrüche. Zauberhaft spiegeln sich ihre schlanken, dunklen Stämme in den braunen Moortümpeln, in deren Nähe Wollgras wächst. Das Gesicht des Darßer Waldes wechselt so rasch, dass selbst eine stundenlange Wanderung nicht eintönig wird. Und wenn man ihn schließlich in Richtung Westküste durchquert hat, lichten sich die Bäume mit einem Mal, die Luft schmeckt salzig und der bizarre Wuchs von Kiefern und Buchen verrät die Nähe des Meeres. Und dann plötzlich taucht es auf, zwischen den vordersten Stämmen schimmert es tintenblau hindurch.

So vielgestaltig die Flora, so artenreich erweist sich auch die Vogelwelt. Hier brüten noch, neben verschiedenen anderen Greifvögeln, einige Seeadlerpaare. Auf einer Wanderung durch den Wald wird man immer wieder auf den Schwarzspecht aufmerksam, der sich mit schrillem, hahnenähnlichem Schrei zu erkennen gibt. Auch Bunt- und Grünspechte kommen hier häufig vor. Im offenen Gelände, nahe dem Darßer Leuchtturm, kann man dem melancholischen Lied der Heidelerche lauschen. Zu den Besonderheiten der Darßer Vogelwelt gehören jedoch der Grüne Laubsänger, der Zwergschnäpper sowie ein Zuwanderer aus Osteuropa, der Karmingimpel.

Der Leuchtturm am Darßer Ort ist einer der ältesten noch in Betrieb stehenden Leuchtfeueranlagen an der Ostseeküste. Von der Aussichtsplattform des 35 Meter hohen Backsteinturms genießen Besucher den Blick über den Darßer Naturraum.

Der Darß macht noch durch ein anderes Kuriosum auf sich aufmerksam: Mitten durch den Wald verläuft ein echtes Meeresufer – ohne Wasser und ohne Brandung! Es ist ein Steilufer von 7 bis 15 Metern Höhe. Wenn man den Mecklenburger Weg entlang wandert, fällt ein seltsamer Knick im Gelände auf. Nördlich davon liegt der Boden auffallend tiefer, südlich hingegen höher. Dieser Geländeabsatz ist die alte Steilküste des Altdarß, an die vor einigen tausend Jahren noch die Ostsee brandete. Er bildet die Grenze zwischen dem mit Sanddecken überzogenen, eiszeitlichen Kern des Altdarß und dem aus Meeressanden aufgebauten Neudarß, dessen Bildung vor etwa 2500 Jahren begann. Alles was nördlich von dieser Geländestufe liegt, ist seitdem neu entstandener, junger Landzuwachs.

Auffallend für den Neudarß sind die von Westen nach Osten verlaufenden Dünenwälle, „Reffe“ genannt, die mit den „Riegen“, den dazwischenliegenden Senken, eine wellblechartige Struktur geschaffen haben. An ihnen erkennt man, wie das Land gewachsen ist, indem sich Dünenwall an Dünenwall legte. Die jüngeren sind nordwärts gebogen und weisen zum Darßer Ort hin. Während die Wälle trocken sind, bestehen die Senken zum Teil aus moorigen Streifen. Am Feuchtigkeitsgrad der Riegen kann man das Alter der Strandwälle ablesen. Je nasser der Grund ist, desto jünger sind sie. Je weiter man nach Norden kommt, desto frischere und jüngere Dünenwälle erkennt man.

Die Neubildung von Strandwällen vollzieht sich auch heute noch. Am Darßer Ort, wo die stürmisch umbrandete Westküste auf die eher ruhigere Nordküste trifft, lagert die Küstenströmung weitere Sande ab. Vor der Darßer Spitze tauchen neue Sandbänke aus dem Meer. Diese schaffen die Unterlage für neue Dünenwälle, die eines Tages ebenfalls bewachsen sein werden.

Stille Waldwege führen zum Darßer Weststrand. „Immer lauter ließ sich inzwischen die Brandung der See vernehmen; immer lichter ward der Forst; immer schärfer die Luft, bis ich bald die völlige Seeluft spürte und der verkrüppelte Wuchs der Tannen den versandeten Boden und die Nähe des Meeres verrieth. Da tauchte es plötzlich am Horizont, tintenblau gleich einer dunklen Luftschicht, in unendlicher Ausdehnung über die letzte Hügelreihe auf (...). Im zitternden Sonnenblick von lichtgrünem Seegras leuchtend, bäumten sich indigoblaue Wasserberge (...).“ So beschrieb Friedrich v. Suckow in den 1830er Jahren seine Eindrücke einer Darßwanderung. Er war einer der ersten, der sich literarisch über dieses Gebiet geäußert hat.

Das eigentlich Märchenhafte am Darßer Wald sind die Erlenbrüche. Immer wieder sieht man dort die zauberhaften Moortümpel, in denen sich ein wenig Himmelblau und die schlanken Erlenbäume spiegeln.

WAS DER MENSCH SÄT, DAS WIRD ER ERNTEN! GAL 6,7

Fischerkirche in Born. Sie wurde im Jahre 1935 von heimischen Handwerkern nach einem Entwurf des Hamburger Architekten Bernhard Hopp ganz aus Holz mit einem rohrgedeckten Dach gebaut.

Ein Ostsee-Sommertag in Prerow: langgestreckter, feinsandiger Badestrand, darüber ein strahlend blauer Himmel und ein frischer Seewind, der dem anbrandenden Meer weiße Schaumkronen aufsetzt.

A bendstimmung am Darßer Weststrand. Nirgends ist die wilde Schönheit dieser Küste betörender als hier, wo sich die landschaftsverändernde Gewalt des Meeres am deutlichsten zeigt. Vor langer Zeit, als das Ufer noch weiter seewärts lag, standen diese windgebeugten Kiefern noch mitten im Schutz des Darßer Waldes.

Von Prerow nach Zingst – Rastplatz für Kraniche

Im Heimatmuseum von Zingst steht eine kleine handbemalte Wiege aus dem 19. Jahrhundert. In diesem hölzernen Kinderbettchen wurde während der furchtbaren Sturmflut von 1872, als das Hochwasser bereits in die Wohnungen der Ortschaft gedrungen war, die sechs Monate alte Mary Ewert aus ihrem elterlichen Haus ins Freie gerissen und von den Wasserstrudeln davongetrieben. Erst am Freesenbruch konnte die schreckliche Odyssee beendet und das Baby gerettet werden.

Das kleine Ausstellungsstück, mit dem die Erinnerung an ein menschliches Einzelschicksal verknüpft ist, berührt zutiefst. Anders als die anderen Relikte aus der Vergangenheit und mehr als alle Daten der Katastrophenchronik prägt es sich dem Gedächtnis ein.

Über jene Sturmflut vom 12. November 1872 ist viel geschrieben worden. Sie war die bislang schlimmste im gesamten südlichen Ostsee-Küstengebiet. Ihre Auswirkungen waren verheerend. Etlichen Menschen kostete sie das Leben; ein Drittel des Viehbestandes ertrank in den Fluten, und gebietsweise waren mehr als die Hälfte aller Häuser unbewohnbar geworden. Bei Barhöft wurde ein Wasserstand von 2,92 Metern über NN gemessen. Die Katastrophe verlief in einer für das Ostseegebiet typischen Weise: Schon Wochen vorher hatten heftige West- und Nordwestwinde gewaltige Wassermassen aus der Nordsee in den östlichen Ostseeraum gedrängt. Dann, nachdem sich der Wind für zwei Tage gelegt hatte, blies er plötzlich aus Nordost und warf die angestauten Wassermassen auf die südliche Küste zurück. Die nur wenige Jahre zuvor gebauten Deiche konnten die Fluten nicht aufhalten. Binnen kurzer Zeit stand das Land von Pramort bis zum Darß unter Wasser. Auch auf Fischland war das niedrig gelegene Land überflutet. An mehreren Stellen der Halbinsel kam es zu Durchbrüchen, und stellenweise sah es wieder so aus wie zu jener Zeit, als die Halbinsel noch dreigeteilt war.

Nach dieser Flutkatastrophe kümmerte man sich verstärkt um den Küstenschutz, also um Dünenpflege, Buhnen- und Deichbau. Zu den Maßnahmen gehörte auch die Schließung des Prerowstroms, der dort, wo heute ein Wald- und Dünen-Campingplatz liegt, in die Ostsee mündete. In der Vergangenheit war diese Öffnung – der Name Prerow ist vom slawischen Wort „prerowa“ abgeleitet und bedeutet Durchbruch – für Schifffahrt und Fischerei ein wichtiger Zugang vom Bodden zum offenen Meer. Mit der Eindeichung der Mündung verlor nun auch Zingst endgültig seinen insularen Charakter.

Heute ist der Prerowstrom – besonders in seinem letzten Abschnitt – ein stilles, ruhendes Gewässer, an dessen verschilften Ufern Schwäne und Enten brüten. Er markiert nicht nur die natürliche Grenzlinie zwischen Darß und Zingst, sondern trennt auch die Ortschaft Prerow von ihrer Kirche, die am „Kirchenort“ auf dem rechten Stromufer, also auf Zingster Gebiet, liegt. Diese Isolierung von Kirche und Gemeinde erscheint zunächst seltsam, zumal der Gottesdienstbesuch in der Vergangenheit, bevor Brücke und Straßendamm gebaut waren, recht umständlich gewesen sein muss. Wer damals die Kirche besuchen wollte, ließ sich, so berichtete August v. Wehrs, mit einem kleinen Fährboot übersetzen. Wegen des flachen Ufers konnte die Fähre aber nicht weit genug ans Ufer heranfahren; die Stege zum Anlegen waren um einige Joche zu kurz. Wenn also der Wasserstand niedrig war, mussten die Kirchgänger, nachdem sie ausgestiegen waren, durch den Morast waten. Bis zur Bildung des Pfarramtes von Zingst im Jahre 1856 gehörten neben Prerow, Born und Wieck auch die Dörfer Hanshagen und Pahlen zu einem gemeinsamen großen Kirchspiel, dessen Zentrum der „Kirchenort“ war. Aus den beiden letztgenannten Ortschaften entstand durch Zusammenschluss die Gemeinde Zingst. Nach zwei großen Sturmfluten im 17. Jahrhundert, bei denen die Anwesen im Umkreis der Kirche stark beschädigt wurden, siedelte niemand mehr auf dem Kirchenort. So verblieben dort nur das Pfarramt und die Kirche. Die jetzige Seemannskirche, die ein zuvor von Mönchen des Klosters Neuenkamp errichtetes Kirchlein ersetzte, wurde 1726–1728 von Pastor Martin Henrici gebaut, wie der folgende Vers aus dem Kirchbuch belegt:

Ich baute Kirch' und Haus, ich baute mir ein Grab,/In erster lehr' ich noch, im andern ich noch wohne,/Im letztern hoff' ich Ruh', wenn ich geleget ab;/So leben als das Amt, und hoffen auf die Krone!

Im Mittelpunkt des Badelebens von Prerow steht die 394 Meter lange Seebrücke. Sie ist der ganze Stolz der Gemeinde und lädt zum vergnüglichen Bummeln über dem Wasser ein. Besonders aufregend ist ein solcher Spaziergang nach einem Sturmtief.

Zingst war, ebenso wie Wustrow und Prerow, ein Seefahrer- und Fischerdorf bäuerlichen Charakters. Der bescheidene Wohlstand, den die Schifffahrt mit sich brachte, äußerte sich auch im Ortsbild. Es entstanden schmucke Kapitänshäuser, die sich von den einfacheren Fischerkaten dadurch unterschieden, dass sie geräumiger und überwiegend aus Stein gebaut waren. Noch heute findet man einige gut erhaltene Beispiele.
Mit dem Niedergang der Segelschifffahrt setzte auch Zingst seine Hoffnungen auf den Bädertourismus. Mit Erfolg. Durch die Berichterstattungen im Zusammenhang mit der Sturmflut von 1872 war die Ortschaft bereits in ganz Deutschland bekannt. Das 1881 durch einen Gastwirt und einen Kapitän gegründete „Bade-Comité" setzte sich für die forcierte Entwicklung einer organisierten Badekultur ein. Am Strand entstanden ein Damen- und ein Herrenbad – im züchtigen Abstand von 1200 Metern voneinander entfernt. Bis zum Ersten Weltkrieg badete man streng nach Geschlechtern getrennt. Es gab ein Warmbad und ein Strandrestaurant. Während im ersten Jahr nach Gründung des Vereins erst 48 Gäste nach Zingst kamen, waren es im Jahre 1900 schon 1430 Erholungsuchende. Einen enormen Auftrieb erfuhr das Seebad im Jahr 1910 mit Eröffnung der Darßer Bahnlinie, die von Barth über die Meinigenbrücke bis nach Prerow verkehrte. Nun war es möglich, in nur fünf Stunden mit einem durchgehenden Zug von Berlin nach Zingst zu reisen. Nachdem die Darßbahn dreieinhalb Jahrzehnte ihren Dienst verrichtet hatte, wurde sie Ende des Zweiten Weltkriegs im Rahmen von Reparationsleistungen an die Sowjetunion demontiert. Heute bestehen Pläne, die Strecke erneut ins Leben zu rufen.
Mit zunehmendem Fremdenverkehr veränderte das Dorf langsam sein Gesicht. Man baute viele neue Pensionen und Villen im typischen Stil der Bäderarchitektur. Am Strand gab es einen verglasten, auf Pfählen errichteten Pavillon, der aber im Laufe der Zeit durch Treibeis so stark beschädigt wurde, dass man ihn abreißen musste.

Erinnerung an vergangene Zeit: Gedränge im Familienbad von Zingst. Kein Wunder, denn die Freuden gemeinsamen Badens waren erst mit dieser Einrichtung aus dem Jahre 1913 erlaubt. Bis dahin ging man streng nach Geschlechtern getrennt ins Wasser.

An seiner Statt entstand von 1946 bis 1948 am Hauptübergang des Deiches ein Kurhaus, das in jüngster Zeit durch einen neuen Bau ersetzt wurde. Neben der Seebrücke bildet die im Jahr 2000 eingeweihte kurörtliche Einrichtung den Mittelpunkt des Zingster Badelebens.
Hinter dem östlichen Ortsausgang von Zingst biegt die Straße scharf nach rechts, umläuft den Osterwald und zieht sich dann in einem etwa acht Kilometer langen geraden Stück bis nach Pramort. Links der Straße liegt das ehemalige, heftig umstrittene Schießübungsgebiet, das die Bundeswehr von der NVA übernommen hatte. Die militärische Nutzung wurde inzwischen nach der Nationalparkverordnung ausgegliedert. Rechts zum Bodden hin erstreckt sich weiträumiges Feuchtgrünland, auf dem extensive Weidewirtschaft betrieben wird. Ab Höhe der Sundischen Wiese ist der Weg für den öffentlichen Autoverkehr gesperrt, denn hier beginnt eine der streng geschützten Kernzonen des Nationalparks. Nur zu Fuß oder mit dem Fahrrad dürfen Besucher diesen letzten Streckenabschnitt bis Pramort zurücklegen. Dort, am äußeren Ende von Zingst, beginnt eine kleine Welt, die für sich bleiben möchte.
Diese Landschaft ist so schön wie nach dem ersten Schöpfungsmorgen: Man sieht junge Dünen, auf denen sich gerade die erste Vegetation gebildet hat und blickt über Hunderte von Sandbänken, Inselchen und Inseln, an denen sich weiterer Sand ablagert. Hier, in den Windwatten, ist das Wasser so flach, dass der Meeresboden zeitweise trockenliegt. Dieses Feuchtgebiet ist Lebensraum unzähliger Kleintierarten, die einer der Gründe dafür sind, dass Zigtausende von Zugvögeln hier rasten. Mitte Juli treffen die ersten Gäste aus dem Norden ein: Alpenstrandläufer, Knutts, Säbelschnäbler und viele andere Limikolen. Mit Beginn des Herbstes, wenn aus den skandinavischen Ländern ein Großteil der Kranichpopulation hier durchzieht und Riesenschwärme von Wildgänsen und Wildenten ihren Flug in den Süden an diesem Küstenabschnitt unterbrechen, erreicht das Zuggeschehen seinen Höhepunkt. Allein auf den Inselchen Werder und Bock wurden in den vergangenen Jahren bis zu 30 000 Kraniche gezählt. Anders als Limikolen, nutzen Gänse und Kraniche das Windwatt nur als Schlafplatz. Während die Gänse tagsüber vorwiegend auf den Boddenwiesen ihre Nahrung suchen, fressen Kraniche auf den abgeernteten Feldern der Festlandküste. Es ist immer wieder ein eindrucksvolles Erlebnis, wenn man sie nach Sonnenuntergang von dort in die Windwatten zurückfliegen sieht und sie in langgezogenen, V-förmigen Ketten den Abendhimmel wie Perlenschnüre durchziehen. Wenn die letzten Gruppen das Windwatt erreichen, ist es schon fast dunkel. Die Vögel schlafen stehend im knietiefen Wasser, wo sie weder durch Fuchs noch Marder gefährdet sind. Im Dämmerlicht des nächsten Morgens, wenn sie zu den südlich gelegenen Feldern aufbrechen, findet wieder das gleiche Schauspiel am Himmel statt.
Was viele Besucher an Zingst schätzen, sind sein über 10 Kilometer langer, feinsandiger Badestrand und die noch weitgehend unverbaute Landschaft. Manchen ist das allerdings noch nicht genug. So werden am Rande des Nationalparks immer wieder Projekte geplant, die sich negativ auf das Schutzgebiet auswirken. Das wertvollste Kapitel dieses Fleckchens Erde bleibt jedoch seine noch unverdorbene Natur. Mit diesem Besitz umsichtig zu wirtschaften, sollte das Interesse aller sein.

Landschafts-, Kunst-, Schifffahrts- und Volksmuseum in einem: das Darßer Heimatmuseum in Prerow. Mit zahlreichen Exponaten und Schautafeln führt es den Besucher in vergangene Zeiten, die längst im Dunkel der Geschichte versunken sind. Der Geologie, Botanik, Tierwelt und dem Fischereiwesen sind eigene Abteilungen gewidmet. Im Mittelpunkt aber steht das Jahrhundert der Segelschifffahrt, das für die vergangene Generation mit glücklichen Erinnerungen verbunden war.

Über den Boddenwiesen liegt ein zarter Nebelschleier wie von Geisterflügeln hingeweht. Im elfenhaften Licht der frühen Stunde eines klaren Frühlingstages erscheint die Landschaft wie verzaubert, so unverdorben und so frisch als möchte sie den Eindruck erwecken, ein unberührtes Paradies zu sein. Die flachen, von Schilf verborgenen Ufer der seichten Boddengewässer wie hier bei Zingst sind eine wahre Schatzkammer der Natur, ein wertvolles Ökosystem, in dem zahlreiche Vogelarten ihre Kinderstube haben, wo sie Unterschlupf, Nahrung oder einen Rastplatz finden. Dieser schützenswerte Landschaftsraum gehört wie auch fast der gesamte nördliche Teil der Boddengebiete zu dem 1990 gegründeten „Nationalpark Vorpommersche Boddenlandschaft“.

Die Seemannskirche von Prerow wurde ursprünglich zwischen 1726 und 1728 als Fachwerkkirche angelegt und einige Jahrzehnte später in einen stattlichen Backsteinbau umgewandelt. Ihr hölzerner Westturm mit schindelgedecktem Dach half Seeleuten in der Vergangenheit, den heimatlichen Hafen zu finden, wenn sie die Mündung des Prerowstroms ansteuerten. Etliche Seemannsgräber sowie die Votivschiffe im Innern der Kirche erinnern an die glückliche Zeit der Segelschifffahrt.

Eine Bronzetaufe aus dem 14. Jahrhundert schmückt den Kirchenraum von St. Marien in Barth. Aus dem Relief der achtseitigen Kesselwandung treten – umrahmt von gotischem Maßwerk – Apostel- und Heiligenfiguren sowie Szenen der biblischen Geschichte hervor. Auch heute noch wird das Tauffass in die Taufzeremonie einbezogen, doch wird der Täufling nicht mehr, wie es früher einmal Sitte war, in das mit Wasser gefüllte Becken eingetaucht.

Aufbruch vor Sonnenaufgang: Mit ruhigem Flügelschlag und trompetende Laute ausstoßend nimmt eine Kranichstaffel Kurs auf die Festlandküste. Auf dem Zug von Skandinavien zu den südlichen Überwinterungsquartieren rasten während des herbstlichen Vogelzugs mehrere zehntausend Kraniche im Feuchtgebiet zwischen Zingst, Rügen und Hiddensee. Dort, in den für Menschen unzugänglichen Windwatten, haben sie einen sicheren Rast- und Schlafplatz gefunden, den sie jedes Jahr erneut ansteuern. In der Morgendämmerung verlassen die Vögel ihr Nachtlager und fliegen zur Nahrungssuche auf die abgeernteten Mais- und Getreidefelder der Festlandküste. Abends, kurz vor Einbruch der Dunkelheit, erfolgt der Rückflug in schier endlosen Ketten.

Der Darß, Fischland und Zingst von A–Z

Ahrenshoop
Idyllischer Badeort zwischen Fischland und Darß mit den eingemeindeten Ortschaften Alt- und Niehagen. Maler waren es, die das Dorf Ende des 19. Jahrhunderts entdeckt und bekannt gemacht haben. Sie bildeten dort eine Künstlerkolonie, deren Blütezeit bis zum Ersten Weltkrieg andauerte. Auch bekannte Grafiker und Schriftsteller trugen mit dazu bei, den Ruf Ahrenshoops als ein Bad der Kunstschaffenden zu begründen. Sehenswert ist der 1909 – in einem dem damaligen Ortsbild angepassten Stil – gebaute „Kunstkaten", der den Malern eine Ausstellungsmöglichkeit bot. Heute, nachdem das Haus von 1976 bis 1977 nach einem Brand neu aufgebaut worden ist, finden wieder Ausstellungen, Konzerte sowie Vortrags- und Theaterveranstaltungen statt. Desgleichen ist die „Bunte Stube" ein gern besuchtes Kommunikationszentrum, das neben dem Verkauf von Büchern und Kunsthandwerk auch Ausstellungen und Lesungen anbietet.
Einen Besuch lohnt ferner die kleine Dorfkirche am Schifferberg mit dem angrenzenden Friedhof, auf dem man die Gräber einiger Maler, die sich in Ahrenshoop niedergelassen hatten, findet. Das Kirchlein, im Jahre 1951 stilgerecht aus Darßer Holz und Boddenschilf gebaut, ist innen mit mehreren Schiffsmodellen ausgeschmückt.
Lohnenswerte Wanderungen beziehungsweise Spaziergänge bieten das Hohe Ufer zwischen Ahrenshoop und Wustrow, der an der Boddenseite entlangführende Deichweg von Alt- nach Niehagen und das wegen seiner außerordentlich hohen Stechpalmenbestände berühmte Ahrenshooper Holz.

Barth
Stadt am Barther Bodden und Durchgangstor für Reisende zu den Ortschaften auf Darß und Zingst. Ursprünglich ein slawischer Siedlungsplatz, erhielt es im Jahre 1255 lübisches Stadtrecht. Bereits im Jahre 1582 bestand in Barth die „Fürstliche Hofdruckerei". Zu den nachgewiesenen Schriften, die hier gedruckt wurden, gehört eine Bibel aus dem Jahre 1588 in niederdeutscher Sprache. Durch Segelschifffahrt und Schiffbau hat es die Stadt im 18. und 19. Jahrhundert zu größerem Ansehen gebracht. Mit 171 Seeschiffen stand Barth an zweiter Stelle aller Reedereistädte Preußens.
Von der alten Stadtbefestigung blieb außer einem runden Backsteinturm, dem Fangelturm, das Dammtor erhalten. Die spitzbogige Durchfahrt dieses monumentalen, 35 Meter hohen Backsteinbaus ist eingeschränkt auch für den Straßenverkehr zugelassen. In seiner unmittelbaren Nachbarschaft steht die Marienkirche, ebenfalls ein stattlicher Backsteinbau. Sie entstand in drei Bauphasen zwischen 1250 bis etwa 1400 und weist sowohl früh- als auch spätgotische Stilelemente auf. Zu den bemerkenswertesten Stücken ihrer Ausstattung gehört eine Bronzetaufe oder -fünte, wie es im Niederdeutschen heißt, aus dem 14. Jahrhundert. Der 87 Meter hohe Kirchturm diente in der Vergangenheit den Seeleuten als Landmarke.

Bernstein
Seit Jahrtausenden ist das „Gold der Ostsee", wie der Bernstein hierzulande häufig bezeichnet wird, ein begehrter Schmuckstein. Als Tausch- und Handelsobjekt früherer Kulturen gelangte er schon lange vor der Zeitenwende in den Mittelmeerraum. An seiner Verbreitung dürften die Phönizier, die ja bekanntlich weitgereiste Seefahrer waren, erheblichen Anteil gehabt haben. Bei seinen Ausgrabungen in Mykene fand Heinrich Schliemann 400 Bernsteinperlen. Auch in der römischen Kaiserzeit gehörte Bernstein zu den hochgeschätzten Schmuckgegenständen der Vornehmen und Mächtigen.
Als Bernstein bezeichnet man alle verfestigten Pflanzenharze, die mindestens eine Million Jahre alt sind. Heute kennt man mehr als 300 verschiedene Arten; unter ihnen gibt es einige, deren Alter man auf 100 Millionen Jahre und mehr schätzt. Die häufigste Art ist der Baltische Bernstein. Er entstand in der Braunkohlezeit vor etwa 40 bis 50 Millionen Jahren, als das Ostseeküstengebiet noch von subtropischen Wäldern bedeckt war. In ihnen wuchs die „Bernsteinkiefer", die das Harz für den Baltischen Bernstein lieferte.
Auch heute noch werden an der Ostseeküste beträchtliche Mengen dieses Schmucksteines gefunden. Mit ein wenig Glück kann man je nach Strömung, Windrichtung und Jahreszeit auch am Strand von Darß und Zingst fündig werden. Besonders gute Chancen bestehen nach einer stürmischen Nacht. Es ist nicht allzu schwer, Bernstein von anderen Steinen am Strand zu unterscheiden. Es gibt verschiedene Methoden, ihn auf seine Echtheit zu überprüfen. Er wiegt weniger als viele andere Materialien und ist leicht brennbar. Schon mit einem Streichholz lässt er sich entzünden. Diese Eigenschaft gab ihm den Namen „Börnen". Aus diesem niederdeutschen Ausdruck für „brennen" wurde das Wort Bernstein abgeleitet.
Im Gebäude des ehemaligen Klarissinnenklosters in Ribnitz-Damgarten gibt es ein hübsches Heimatmuseum, das wegen seiner wertvollen Bernsteinsammlung und dem reichhaltigen Anschauungsmaterial zur Natur- und Kulturgeschichte des Bernsteins besondere Beachtung verdient.

Bodden
Der Saaler, Bodstedter und Barther Bodden bilden eine Kette buchtenreicher, nur zwei bis drei Meter tiefer Gewässer, die das Fischland, den Darß und Zingst von der Festlandküste trennen. Sie gaben diesem Küstengebiet ihren Namen: Mecklenburgische Boddenlandschaft.
Ursprünglich waren auch die Bodden festes Land. Durch eine Anhebung des Meeresspiegels vor etwa 7000 Jahren tauchten die flachen Vertiefungen (die Bezeichnung „Bodden" wird vom germanischen Wort „bodan" = „Vertiefung" abgeleitet) der Grundmoränenlandschaft allmählich unter, und nur die vorgelagerten und höher gelegenen eiszeitlichen Inselkerne des Fischlandes zwischen Wustrow und Ahrenshoop sowie die Erhebungen des Altdarß und Zingst ragten weiterhin aus dem Meer empor.

Born
Dieser malerische, zwischen dem südlichen Waldrand des Darß und der Boddenküste gelegene Ferienort strahlt soviel Ruhe aus, dass man ihn eigentlich nur auf leisen Sohlen betreten möchte. Einen reizvollen Anblick bieten die niedrigen schilfgedeckten Häuschen der ehemaligen Bauern-, Fischer- und Seefahrergemeinde. Überall findet man schöne, mit Schnitzwerk verzierte Türen. Die ehemalige Oberförsterei von 1771 ist das älteste Haus der Ortschaft. Neben einigen Fischerhäusern aus dem 19. Jahrhundert ist die Dorfkirche, ein mit Schilf gedeckter Holzbau, sehenswert. Sie wurde nach einem Entwurf von Hopp und Jäger 1934 bis 1935 gebaut. Ein sieben Kilometer langer Radwanderweg führt zum Ostseestrand (Darßer Weststrand).

Camping
Campingplätze bestehen in Dierhagen, Born, Prerow und Zingst. Außer dem am Boddenufer gelegenen Campingplatz von Born liegen alle anderen an der Ostseeküste.

Dierhagen
Mit Dändorf und Neuhaus zusammengefasste Großgemeinde. Der 650 Jahre alte Bauern- und Fischerort hatte ebenfalls, wie das benachbarte Wustrow, Anteil am Segen der Schifffahrt im 18. und 19. Jahrhundert. Als ihre Blütezeit zu Ende ging, widmete sich die Ortschaft konsequent dem Fremdenverkehr. Da sie an der Boddenseite liegt und durch einen etwa einen Kilometer breiten Dünen- beziehungsweise Küstenwaldstreifen von der Ostseeküste getrennt ist, hat sich in Strandnähe ein kleines Feriendorf mit etlichen Gaststätten, Strandboutiquen und Ferienhäuschen entwickelt. Lohnenswerte Unternehmungen sind Strandspaziergänge nach Wustrow und Graal-Müritz. Großer Beliebtheit erfreuen sich auch die Veranstaltungen des Tonnenfestes und der Zeesenboot-Regatta.

Geografie
Zusammen mit dem Fischland stellen Darß und Zingst ein eigenartiges Gebilde an der Ostseeküste dar. Von Graal-Müritz bis zum Darßer Ort verläuft die Außenküste 30 Kilometer lang fast geradlinig in nordöstliche Richtung. Am Darßer Ort biegt sie scharf um, bildet mit einem kraftvollen Schwung die Prerower Bucht und streckt sich dann wiederum in einer Länge von knappen 30 Kilometern nahezu schnurgerade nach Osten. Hinter der Spitze von Zingst schließen sich einige Inselchen wie der Große Werder und der Bock an. Diese schaffen zusammen mit weiteren Sandbänken eine lockere Kette, die auf den Geller Haken, die Südspitze Hiddensees, zuläuft. Das Fischland reicht von der Landenge an der Perminbucht bis zum Ortseingang von Ahrenshoop. Als Darß wird jener Abschnitt der Halbinsel bezeichnet, der sich von Ahrenshoop bis zum Prerowstrom erstreckt. Östlich davon schließt sich das Zingster Gebiet an.

Informationen
Touristisches Informationsmaterial und Unterkunftsverzeichnisse geben die örtlichen Fremdenverkehrsämter beziehungsweise Kurverwaltungen heraus. Sie helfen auch bei der Vermittlung von Privatzimmern und Ferienwohnungen und -häusern.

Kurverwaltung Ahrenshoop
Kirchnersgang 2
18347 Ostseebad Ahrenshoop
Tel.: 038220/234
Fax: 038220/300
www.ahrenshoop.de

Kur u. Tourist GmbH Darß
Chausseestr. 73b
18375 Born a. Darß
Tel.: 038234/5 04 21
Fax: 038234/5 04 31
www.darss.org

Kurverwaltung Ostseebad Dierhagen
Ernst-Moritz-Arndt-Straße 2
18347 Ostseebad Dierhagen
Tel.: 038226/201
Fax: 038226/8 04 66
www.dierhagen-fischland.de

Kur- und Tourismusbetrieb Ostseebad Prerow
Gemeindeplatz 1
18375 Ostseebad Prerow
Tel.: 038233/61 00
Fax: 038233/6 10 20
www.ostseebad-prerow.de

Kurverwaltung Wieck
Bliesenrader Weg 2
18375 Wieck a. Darß
Tel.: 038233/201
Fax: 038233/497
www.erholungsort-wieck-darss.de

Kurverwaltung Wustrow
Ernst-Thälmann-Straße 11
18347 Ostseebad Wustrow
Tel.: 038220/251
Fax: 038220/253
www.ostseebad-wustrow.de

Kur- und Tourismus GmbH Ostseeheilbad Zingst
Seestraße 56
18374 Ostseeheilbad Zingst
Tel.: 038232/81 50
Fax: 038232/8 15 25
www.zingst.de

Kranich-Rastplatz
Jedes Jahr im Herbst während des Vogelzuges machen in dem Gebiet zwischen Zingst und der Südspitze Hiddensees mehrere zehntausend Kraniche Station. Hier in den Windwatten befindet sich der größte Kranich-Rastplatz Europas. Ihre Massenversammlungen beginnen Ende August und nehmen bis Mitte September immer mehr zu. Ab Mitte Oktober ziehen die Kraniche dann weiter. Zwischen März und April, wenn die Vögel in ihre Brutgebiete zurückkehren, sammeln sie sich ebenfalls hier, wenngleich die Frühjahrskonzentration von geringerer Stärke ist.
Das Rastgebiet gehört zur Kernzone des Nationalparks „Vorpommersche Boddenlandschaft" und steht als Feuchtgebiet von internationaler Bedeutung unter strengem Schutz. Die meisten der Vögel kommen aus Skandinavien und sind auf dem Weg in die südlichen Überwinterungsquartiere in Spanien und Nordafrika. Um sich die für die kräftezehrende Reise notwendigen Fettreserven anzufressen – bei diesem Flug müssen die Vögel 3000 bis 5000 Kilometer ohne Unterbrechung zurücklegen –, ist diese Rast für sie besonders wichtig.
Das seichte Wasser der Windwatten östlich von Zingst wird von den Kranichen nur zum Schlafen aufgesucht. Noch vor Sonnenaufgang verlassen sie gruppenweise ihren Schlafplatz und fliegen zum Fressen zu den abgeernteten Mais- und Getreidefeldern der Festlandküste. Abends erfolgt in schier endlosen Ketten der Rückflug.
Ungestörte Rastplätze sind für Kraniche überlebensnotwendig. Störungen können das Gebiet binnen kurzer Zeit für sie unattraktiv machen. Schon eine einzeln stehende Person im freien Gelände kann die Vögel irritieren und beim Anflug zum Abdrehen veranlassen. Aus diesem Grunde ist das Betreten des Weges von Pramort zur Hohen Düne während des Herbst- und Frühjahrszuges zu bestimmten Tageszeiten streng verboten und Beobachtungen sind nur von den eigens dafür geschaffenen Einrichtungen aus gestattet. Die Nationalparkverwaltung empfiehlt, die Kraniche tagsüber bei ihrer Nahrungsaufnahme auf dem Festland zu beobachten. Als bevorzugte Standorte werden die Wiesen und Felder bei Günz, Bisdorf, Hohendorf und Barhöft genannt.

Künstlerkolonie
Anfang der 1990er Jahre kamen Maler nach Ahrenshoop und gründeten dort – etwa zur selben Zeit, als sich auch in Worpswede eine Gruppe von Künstlern ansiedelte – eine Künstlerkolonie.
Überall in Deutschland, ebenso wie auch in anderen Ländern Europas, entstanden damals solche Künstlergemeinschaften. Sie bildeten sich vorzugsweise in ländlichen, zuvor unbeachteten Orten. Im 19. Jahrhundert, nachdem die Phase der ersten Industrialisierung schon deutliche Spuren hinterlassen hatte, traten sie verstärkt in Erscheinung. Man mag diese Bewegung als einen stillen Protest gegen die Verhässlichung der modernen Welt durch das Maschinenzeitalter und die zunehmende Verstädterung deuten.
Abseits der großen Kunstzentren und deren Erfolgsmaßstäben suchten die Künstler in der ursprünglichen Einheit von Mensch und Umgebung den Erlebnishintergrund für das künstlerische Schaffen. So verschiedenartig auch Malstil und Arbeitsweisen gewesen sein mögen, in ihrem Verhältnis zu Natur und Umwelt verband sie eine große Übereinstimmung.

Miethe, Käthe
In Althagen steht der kleine Katen, den ihr der Vater, der Geheime Rat und Berliner Professor Adolf Miethe, im Jahre 1916 geschenkt hatte, und der seit 1939 ihr ständiges Domizil war. Über dieses Häuschen hat sie ein Buch mit dem Titel „Unterm eigenen Dach" geschrieben.
Wer sich mit der Literatur des Fischlandes beschäftigt, kommt an Käthe Miethe nicht vorbei. Sie war eine ausgezeichnete Kennerin des Gebietes. Acht Bücher hat sie über dieses Land, das für sie eine zweite Heimat wurde, geschrieben. Ihr bekanntestes Werk, das Fischlandbuch, hat in weitem Umkreis die nachfolgende Literatur über diese Gegend beeinflusst. Es ist eine kleine Heimatkunde, die nicht aus Papieren und Dokumenten zusammengetragen, sondern aus dem Leben geschöpft ist. Bei der Arbeit an dem Buch, berichtete sie, dachte sie an ihre Nachbarn, an deren Kinder sowie an die Alten, die still auf der Bank am Hause sitzen, voll versinkender Erinnerung, von der die junge Generation nichts mehr hören und wissen will.
„Ich müsste auf dem Fischland geboren sein, setzen viele meiner Leser voraus", sagte sie. Tatsächlich aber wurde sie im Jahre 1893 in der märkischen Kleinstadt Rathenow geboren. In Berlin wuchs sie auf und lebte dort 40 Jahre lang. Ihr Vater lehrte dort an der Technischen Hochschule. Sie erlernte den Beruf einer Bibliothekarin, der ihr aber nicht lag, weil sie „vor lauter Büchern nicht zum Lesen kam".
Nach dem Ersten Weltkrieg begann sie sporadisch als Journalistin zu arbeiten, bis sie sich 1939 von der Presse zurückzog, „(...) und dann kam das Fischland an die Reihe (...)." Käthe Miethe starb im Jahre 1961 im Alter von 68 Jahren.

Müller-Grählert, Martha
Sie schrieb das Lied, das als großer Hit der Volksmusik um die ganze Welt ging: „Wo die Ostseewellen trecken an den Strand ..." Es erschien in vielen Sprachen und mancherlei Varianten, es wurde auf Postkarten gedruckt und als Pausenzeichen von Rundfunksendern verbreitet. Wenn auch das Lied ein Riesenerfolg war, so blieb das Leben der Martha Müller-Grählert ohne Höhenflüge. Ihre Rolle als Heimatdichterin umschrieb sie in humorvoller Bescheidenheit mit dem Vierzeiler:

Ein lütten Sparling flüggt nich hoch,
Sin Kunst is eng umschräben.
Wenn ick uck man ein Sparling bün,
Dat mütt uck Sparlings gäben.

Martha Müller-Grählert wurde am 20. Dezember 1876 in der Boddenstadt Barth geboren und verbrachte ihre Kinder- und Jugendjahre in Zingst. Getreu dem Willen ihrer Mutter, die sie gern als Lehrerin gesehen hätte, nahm sie nach Beendigung der Schulzeit zunächst eine Tätigkeit als Hauslehrerin auf. Es dauerte aber nicht lange, und sie folgte ihrer eigentlichen beruflichen Neigung: Sie begann zu schreiben. In Berlin fand sie Beschäftigung in einer Zeitungsredaktion. Im Mittelpunkt ihres schriftstellerischen Schaffens stand ihre Heimat, das Land zwischen Meer und Bodden. Sie schrieb Verserzählungen in plattdeutscher Mundart sowie Prosastücke.
In dieser Zeit entstand auch ihr bekanntestes Gedicht, das später als Ostseewellenlied berühmt werden sollte: „Mine Heimat". Zunächst wurde es im Jahre 1909 in den Meggendorfer Blättern, einer Münchener Illustrierten, veröffentlicht. Durch ein Mitglied des Züricher Arbeiter-Männergesangvereins gelangte es in die Hände von Simon Krannig, dem Dirigenten dieses Chores, der den Text vertonte. Als Lied kehrte das Gedicht an die Waterkant zurück, wo man vorzugsweise die Ostseewellen durch die gewaltigeren Nordseewellen austauschte. Der Erfolg war nicht mehr aufzuhalten. Die Urheberin, die Dichterin Martha Müller-Grählert, hatte jedoch nur wenig Anteil am Gewinn. Sie beschloss ihr Leben in wirtschaftlicher Not und starb am 18. November 1939 im Altersheim von Franzburg. Ihre letzte Ruhestätte fand sie in ihrer Zingster Heimat. Dort auf dem Friedhof, in der Nähe des hölzernen Glockenstuhles, liegt ihr Grab. In das weiße Holzkreuz ist der Satz geschnitzt, der für sie mehr als nur der Refrain eines Erfolgsliedes war: „Hier is mine Heimat, hier bün ick to Hus!"

Müller-Kaempff, Paul (1861–1941)
Der aus Oldenburg (Old.) stammende Landschaftsmaler – Schüler der Akademien Düsseldorf (1882) und Karlsruhe (1883/86) sowie von H. Gudes in Berlin (1886/88) – ist für die Entwicklung der Ahrenshooper Künstlerkolonie von entscheidender Bedeutung gewesen.
Als Müller-Kaempff im Sommer 1889 während einer Wanderung am Hohen Ufer zum ersten Mal auf Ahrenshoop stieß, hatte er von der Existenz dieser Ortschaft keine Ahnung gehabt. Der Anblick, der sich ihm bot, war für ihn mehr als nur Idylle. Was er hier sah, war ein Bild des Friedens, der Unberührtheit und Geborgenheit. Es hatte ihn so beeindruckt, dass er augenblicklich beschloss, sein Ferienquartier in Wustrow aufzugeben und nach Ahrenshoop zu ziehen. Sommer für Sommer kam er wieder, um an diesem neuen „Studienplatz", wie er ihn nannte, zu malen. Aus der anfänglichen Begeisterung erwuchs eine tiefe Liebe zu dieser Landschaft, deren Ernst und Herbheit seinem Empfinden am meisten zusagte. „So habe ich stets derartige Motive bevorzugt", bekannte er in seinen „Erinnerungen an Ahrenshoop". Immer wieder malte er die alten Fischerhäuschen mit den tief heruntergezogenen, rohrgedeckten Dächern, windzerzauste Bäume an versandeten Wegen sowie die Landschaft am Bodden. Menschen, die in seinen Bildern auftauchen, erfüllen nur eine beiläufige Rolle, sie sind eher Staffage. Fasziniert hatte ihn auch der Schifferfriedhof. Diesem Motiv widmete er sich 1893 in einem 2,11 m x 3,50 m großen Monumentalgemälde, das nicht groß genug sein konnte, um den feierlichen Ernst dieses mit weißen Kreuzen bespickten Dünenhügels auszudrücken. Als dieses Bild, das heute in der Kunsthalle Kiel ausgestellt ist, 1895 im Schweriner Museum gezeigt wurde, fand es nur wenig Beifall von seiten der Kunstkritik. Die „Mecklenburgischen Nachrichten" berichteten damals: „Müller-Kaempff, der Pleinairist von der Ostseeküste, hat einen Kirchhof ausgestellt, der auf der Höhe einer Sanddüne liegt, die mit sehr gelben Strohblumen dicht bestanden ist. Wenn der technisch sehr leistungsfähige Künstler die dem Bild zugrunde liegende Skizze etwa handgroß auf einen Fächer gemalt hätte, so würde er mutmaßlich eine hübsche Stimmung von Poesie der Einsamkeit erweckt haben. Jetzt aber, wo er eine Leinwand von 10 bis 15 Quadratmetern mit vielem Dünensand und wenigen Kreuzen gefüllt hat, überwiegt doch der Eindruck eines unerfreulichen Kontrastes zwischen Form und Inhalt."
Zu Recht bezeichnet man Müller-Kaempff als den Gründer der Ahrenshooper Künstlerkolonie. Er war der erste Maler, der sich 1892 in dem damals noch weltentlegenen und unbekannten Dorf zwischen Meer und Bodden niedergelassen hatte. Zwei Jahre später eröffnete er eine eigene Malschule im Haus „St. Lukas", in der er „Zeichnen und Malen von Figuren, Landschaften, Marine und Stillleben in jeder Technik" sowie volle Pension anbot, wie es in einer Annonce um die Jahrhundertwende hieß. Die Schule, die mit 14 Schülerinnen ihren Betrieb aufnahm, brachte bald weiteren Zuzug, und mit den Schülern und Schülerinnen kamen Freunde und Angehörige. Unter den Malschülerinnen fand er auch seine Lebensgefährtin; 1905 heiratete er Else Schwager. Gemeinsam mit seinem Malerkollegen Theodor Schorn gründete er 1909 den Ahrenshooper Kunstkaten.
Wirtschaftliche Gründe während der Inflationszeit nach dem Ersten Weltkrieg mögen Müller-Kaempff dazu bewogen haben, seinen Ahrenshooper Besitz zu verkaufen und den Ort zu verlassen. Er soll sich später, so wird berichtet, in Graal-Müritz durch den Verkauf von gemalten Postkarten und kleinen Bildern seinen Lebensunterhalt verdient haben.

Museen
Bernsteinmuseum
Im Kloster 1–2
18311 Ribnitz-Damgarten
Tel.: 03821/8 14 5 56
www.deutsches-bernsteinmuseum.de

Darß-Museum
Waldstr. 48
18375 Ostseebad Prerow
Tel.: 038233/6 97 50

Freilichtmuseum Klockenhagen
Mecklenburger Straße 57
18311 Klockenhagen
Tel.: 03821/27 75
www.freilichtmuseum-klockenhagen.de

Heimatmuseum Zingst
„Haus Morgensonne"
Strandstr. 1
18374 Ostseeheilbad Zingst
Tel.: 038232/1 55 61

Kranich-Informationszentrum
Lindenstraße 27
18445 Groß Mohrdorf
Tel.: 038323/8 05 40
Fax: 038323/8 05 41
www.kraniche.de

Natureum „Darßer Ort"
Leuchtturm
18375 Ostseebad Prerow
Tel.: 038233/304

Nationalpark „Vorpommersche Boddenlandschaft"
Der Park umfasst einen Abschnitt der südlichen Ostseeküste, den man zu den wertvollsten Naturräumen rechnet. Er schließt die Halbinsel Darß/Zingst, die Inseln Werder, Bock und Hiddensee sowie die Westküste von Rügen ein. Mit einbezogen sind weiterhin große Teile der Boddengewässer sowie angrenzende Wasserflächen der Ostsee bis zur Zehn-Meter-Wassertiefenlinie. Zu den geschützten Gebieten gehören waldbestandene Flachküsten und Steilufer, Sandstrände mit Nehrungshaken und Küstenseen, Salzgrasinseln, Dünentalmoore, Heideflächen und Küstenstriche, an denen sich Landabtragungen und Anlandungen auf engstem Raum vollziehen. Es sind Gebiete, die von 34 Küstenvogelarten als Lebensraum bevorzugt werden. Hier brüten unter anderem Seeadler, Zwergseeschwalben, Kampfläufer, Uferschnepfen, Kraniche, der Große Brachvogel und Alpenstrandläufer.
Der Park wurde in zwei Schutzzonen unterteilt. Zone I ist als Kerngebiet definiert, das durch eine von Menschen weitgehend unbeeinflusste Naturlandschaft geprägt und heute schon weitgehend frei von wirtschaftlicher Nutzung ist. Absolut ruhiggestellt sind darin solche Teile, die Küstenvögeln als Brut- und Rastplätze dienen, wie beispielsweise Gebiete im Bereich der Hohen Düne oder des Darßer Orts. Zur Zone II gehören sämtliche übrigen Flächen des Nationalparks. Dort ist eine extensive Nutzung als naturverträglicher Erholungs- und Wirtschaftsraum möglich.
Der Nationalpark „Vorpommersche Boddenlandschaft" besteht seit dem 12. 9.1990 durch Verordnung des ehemaligen DDR-Ministerrates und ist Bestandteil des deutschen Einigungsvertrages. Dieser Beschluss war eine der letzten Entscheidungen der de-Maizière-Regierung. Information: Nationalparkamt Vorpommersche Boddenlandschaft, Im Forst 5, 18375 Born, Tel.: 038234/50 20, Fax: 038234/5 02 24, www.nationalpark-vorpommersche-boddenlandschaft.de

Prerow
Hauptort des Darß. Seit Ende des 19. Jahrhunderts ist Prerow zu einem vielbesuchten Badeort aufgeblüht, der heute zehntausenden Übernachtungsgästen pro Jahr Unterkunft gewährt. Seiner Lage am Darßer Wald sowie dem fünf Kilometer langen und bis zu 80 Meter breiten feinsandigen Strand verdankt er seine große Beliebtheit. Trotzdem hat Prerow seinen dörflichen Reiz beibehalten. Dazu gehören auch einige sehr alte Büdnereien, Fischer- und Seefahrerhäuser mit ihren teilweise noch mit Rohr gedeckten Krüppelwalmdächern. Besonders zahlreich findet man hier die geschnitzten und bunt bemalten Haustüren mit den typischen Darßer Motiven: Sonne, Ei und floristische Ornamente. Mit zunehmendem Badebetrieb entstanden etliche Villen im Stil der Bäderarchitektur.
Auch in Prerow haben Künstler gewohnt und gearbeitet. In der Grünen Straße hatte der Maler und Grafiker Theodor Schultze-Jasmer (1888–1975) Atelier und Wohnung. Zu seinen bekanntesten Arbeiten gehören die Grafiken von den Windflüchtern am Esper Ort. In den 1920er Jahren gründete er im Gebäude des Warmbades am Nordstrand die „Darßer Kunsthütte", wo unter anderem seine Werke der Öffentlichkeit vorgestellt wurden. Heute ist sie vor allem Restaurant und Café. Mit der Ortschaft ist auch der Grafiker Albert Schäfer-Ast (1890–1951) verbunden. Eine Straße, die in Prerow nach ihm benannt wurde, erinnert daran.
Besonders sehenswert ist die Seemannskirche, die von 1726 bis 1728 gebaut wurde. Es handelt sich um einen großen rechteckigen Backsteinbau mit hölzernem Westturm. Zu der Ausstattung gehört ein spätbarockes, reich dekoriertes Taufgehäuse von 1740 mit einem von Engelhermen getragenen Dach und Schnitzfiguren, die Gottvater und Christus darstellen, sowie einigen Putten. Im Gehäuse steht der Taufständer mit Cherubköpfchen.
Nicht nur bei schlechtem Wetter lohnt das Darßer Museum einen Besuch. Mit vielen Ausstellungsstücken und unterhaltsamem Informationsmaterial macht es mit der Natur- und Kulturgeschichte des Darß vertraut und führt den Besucher durch die Blütezeit der Segelschifffahrt.
Prerow ist Ausgangsort schöner Wanderungen und Spaziergänge durch den Darßer Wald. Besonders beliebte Ziele sind der Leuchtturm, der Teerbrenner See sowie der Darßer Weststrand. Am Prerowstrom, nahe der Seemannskirche, liegen Passagierschiffe, die Boddenrundfahrten anbieten.

Ribnitz-Damgarten
Ihre beiden, von dem Flüsschen Recknitz getrennten Teile, Ribnitz und Damgarten, wurden im Jahre 1950 zu einer Stadt vereint.
Die Stadt entstand im 13. Jahrhundert an der Stelle einer slawischen Siedlung. Von dem alten Befestigungsring sind nur noch geringe Reste im südlichen Bezirk erhalten. Neben den Kirchen ist die Hauptzierde der Stadt heute das im 15. Jahrhundert gebaute Rostocker Tor. Dieser geschützte Zugang einer einst von Mauern umgürteten Stadt macht das Selbstbewusstsein der mittelalterlichen Bewohner deutlich. Bei aller Schwere der Form zeigt es im Unterschied zu anderen, früher gebauten Toren einen weit anspruchsvolleren Charakter, der über den schlichten Zweckbau hinausgeht.
Bedeutsame Bauwerke sind weiterhin die spätgotische Stadtkirche St. Marien und die Anlage des ehemaligen Klarissinnenklosters mit den berühmten „Ribnitzer Madonnen". Sehenswert ist auch das Bernsteinmuseum, das in einem Trakt des Klosters untergebracht ist.

Tonnenfest
Ein volkstümliches Fest, in dessen Mittelpunkt das „Tonnenabschlagen" steht. Es hat eine lange Tradition und wird an verschiedenen Orten heute noch veranstaltet. Der Brauch steht im Zusammenhang mit der Schwedenzeit, als die Fischer verpflichtet waren, mit Heringen gefüllte Tonnen in den Häfen bereitzustellen, wo sie dann von schwedischen Schiffen abgeholt wurden. Als diese Zwangsabgabe mit dem Ende der Schwedenzeit aufhörte, sollen die Fischer aus Freude darüber die letzte noch leere Tonne zerschlagen haben.

Wehrs, August v.
Die Schriftstellerei war nicht sein Hauptberuf. Doch mit seinem 1819 erschienenen, 148 Seiten umfassenden Buch „Der Darß und der Zingst, ein Beitrag zur Kenntniß von Neuvorpommern" begann die eigentliche Literatur über dieses Gebiet. Das Werk ist trotz der Vielzahl wissenschaftlicher und schöngeistiger Darstellungen, die seitdem veröffentlicht wurden, immer noch von unschätzbarem Wert und gehört auch in gegenwärtigen Publikationen zu den am häufigsten herangezogenen oder zitierten Arbeiten.
August v. Wehrs wurde am 3. September 1788 in Hannover geboren. Er studierte in Göttingen, trat später in den schwedischen Militärdienst, wo man ihm eine Offiziersstelle zuwies. Im Jahre 1811, während der napoleonischen Kontinentalsperre, wurde er zur Küstenbewachung auf den Darß geschickt. Nachdem die Franzosen ein Jahr später erneut in Schwedisch-Vorpommern einrückten, geriet er in französische Gefangenschaft, aus der er, als der Krieg beendet war, auf den Darß zurückkehrte. Er hatte seine militärische Laufbahn als Hauptmann inzwischen aufgegeben und heiratete 1818 die Tochter des Borner Oberförsters Niemann. Aus dieser Zeit stammen seine Aufzeichnungen, die durch wertvolle Informationen seines Schwiegervaters bereichert wurden.
August v. Wehrs' Arbeit enthält eine Fülle von historischen Darstellungen, naturwissenschaftlichen Beobachtungen und Schilderungen von Menschen. Er machte bereits auf die grundsätzlichen Unterschiede zwischen Neudarß und Altdarß aufmerksam und wies darauf hin, dass der Neudarß erst allmählich durch Anschwemmungen aus dem Meer gewachsen und das Altdarßkliff ein altes Meeresufer ist. Die windgebeugten Buchen am Weststrand, so vermutete er richtig, müssen einst im Schutz des Darßer Waldes gewachsen sein, zu einer Zeit nämlich, als das Ufer noch weiter seewärts lag.
August v. Wehrs wurde nur 42 Jahre alt. Er starb am 30. Juli 1830 in seiner Geburtsstadt Hannover.

Das 1895 errichtete Gebäude am Hauptübergang des Deichs von Prerow wurde ursprünglich als Warmbad und auch als Restaurant betrieben. Anfang der 1920er Jahre gründete hier der Maler und Grafiker Theodor Schultze-Jasmer (1883–1975) die „Darßer Kunsthütte". Als „Restaurant Seeblick" ist es heute ein von Feinschmeckern gern besuchtes Haus.

Wetter
Wenn der Wetterbericht für Mecklenburg-Vorpommern den Durchzug dichter Wolkenfelder mit vereinzelten Schauern meldet, so kann es vorkommen, dass ein strahlend blauer Himmel über dem Strand zwischen Wustrow und Prerow solche Nachrichten Lügen straft, und dass auf dieses Gebiet kein einziger Tropfen Regen niedergeht. „Wir hier auf dem Fischland, dem Darß und Zingst", erklären dann die Einheimischen, „wir haben unser eigenes Wetter."
Tatsächlich wird man hier an Sommertagen oftmals beobachten können, dass im Süden über dem Festland Gewitterschauer niedergehen, während der Himmel über dem Darß wolkenlos bleibt. Die Ursache liegt im Einfluss des Ostsee-Küstenklimas, das die Wetterverhältnisse in einem schmalen Küstenstreifen von etwa 20 bis 30 Kilometern Tiefe bestimmt. Geringe Niederschläge, lebhafte Luftbewegung und Temperaturen, die im Jahresverlauf keinen allzu großen Schwankungen unterliegen, sind seine besonderen Merkmale. Landeinwärts wird es dann vom Mecklenburg-Brandenburgischen Übergangsklima abgelöst, das bereits deutlich von kontinentalen Zügen geprägt ist.
Bezeichnend für das Klima dieses Küstenbereichs ist die geringere Wirksamkeit atlantischer Einflüsse, die im allgemeinen von Westen nach Osten abnehmen. Die Niederschlagsmenge in den Hochsommermonaten wie auch im Jahresmittel sind die geringsten, die zwischen den Wetterstationen St. Mathieu an der nordöstlichsten Spitze Frankreichs und dem baltischen Riga gemessen wurden. In Wustrow und am Darßer Ort regnet es also weniger als beispielsweise in Kiel oder Lübeck. Der trockenste Monat ist der Februar mit 27 Millimeter Niederschlag; im August hingegen regnet es am meisten (64 Millimeter in Wustrow). Das Frühjahr bleibt kühl, der Sommer lässt in der Regel ein wenig auf sich warten, dafür aber gibt es viele heitere und milde Tage im Herbst. Der erste Frost tritt kaum vor November ein. Die Abnahme des atlantischen Einflusses von Westen nach Osten macht sich auch in den Temperaturverläufen bemerkbar: An der mecklenburgischen Ostseeküste zeigt das Thermometer im Januar Werte an, die im Durchschnitt drei Zehntel Grad unterhalb des Gefrierpunktes liegen. Die wärmsten Monate sind Juli und August mit Durchschnittstemperaturen zwischen 16 und 17 Grad.
Der Wind bläst am häufigsten (44,3 Prozent) aus westlichen Richtungen. Seinem Einfluss verdanken die einzeln stehenden Bäume und Sträucher am Küstensaum ihre seltsam bizarren Formen. Die Windflüchter am Weststrand gelten geradezu als Wahrzeichen des Darß. Ostwinde dagegen haben nur einen Anteil von 31,8 Prozent.

Wieck
Kleiner, ehemaliger Fischer- und Seefahrerort am Nordufer des Bodstedter Boddens. Außer den auf dem Darß üblichen Katen sind noch einige große niederdeutsche Bauernhäuser, sogenannte Hallenhäuser, erhalten. Ihre typischen Merkmale sind das an den Dielenenden eingeschnittene rohrgedeckte Walmdach sowie der alles beherrschende Hauptraum der großen Diele, die „Grotdääl" genannt.
Da die Ortschaft am südlichen Rande des Darßer Waldes liegt, wird sie besonders gern von Feriengästen aufgesucht, die ausgedehnte Wanderungen bevorzugen. Aber auch der neu geschaffene Wasserwanderrastplatz am Bodden bringt Abwechslung in das Angebot der Ferienaktivitäten. Lohnenswert ist auch ein Besuch in der Darßer Arche, wo die Nationalparkverwaltung ein Informations- und Ausstellungszentrum betreibt und das hübsche Café „Fernblau" zum Verweilen einlädt.

Windwatten
sind Meeresböden, die zeitweise trocken liegen. Anders als an der Nordsee, wo Watten durch die Gezeitenströmung entstehen, werden die Flachwasserstellen des Ostseewatts allein vom Wind reguliert. Diese Feuchtgebiete gehören zu den produktivsten Biotopen. Die außerordentliche Populationsdichte von Kleintieren im Boden ist eine der Ursachen dafür, dass zahlreiche Zugvogelarten die Wattenküste entlang ziehen. Sie unterbrechen ihren Flug zu den Winterquartieren beziehungsweise zurück zu den Brutgebieten für geraume Zeit, um Kraftreserven für den Weiterflug anzusammeln.

Wustrow
Hauptort des Fischlandes, der zwischen Ostsee und Saaler Bodden auf einem nur wenige hundert Meter breiten Landstreifen liegt. Die als Landmarke weithin sichtbare Backsteinkirche wurde auf einem künstlich angelegten Hügel gebaut, auf dem einst ein slawisches Heiligtum stand. Wustrows Gedeihen ist eng mit der Segelschifffahrt verbunden. Im Jahre 1846 wurde die „Großherzogliche Navigationsschule" gegründet. Mit dem Niedergang der Segelschifffahrt wandte sich Wustrow dem Fremdenverkehr zu. Die Entwicklung des Badebetriebs führte dazu, dass sich die charakteristischen Züge zugunsten einer dem ursprünglichen Ortsbild wenig angepassten Bauweise verwischten. Um so reizvoller fallen die noch erhaltenen Kapitänshäuser ins Auge. Auch die alten Strohdachkaten mit den weit vorkragenden Krüppelwalmdächern, umgeben von Gärten und eingefasst von Baumreihen, sind eine aus alten Tagen verbliebene Zierde. In der Neuen Straße steht neben einigen anderen Büdnereien das Fischlandhaus. Es ist ein 250 Jahre altes Haus, in dem heute die Gemeindebibliothek untergebracht ist. Eine Darstellung der Heimatgeschichte sowie gelegentliche Ausstellungen bildender Künstler sind erste Anzeichen, daraus ein kleines Museum zu machen.
Empfehlenswerte Wanderungen beziehungsweise Spaziergänge: Nach Alt- und Niehagen auf dem 1872 erbauten Deich, von dem man wunderschöne Blicke über den Bodden genießt, sowie nach Ahrenshoop, entlang dem Hohen Ufer. Der hübsche kleine Hafen, wo noch einige Zeesboote liegen, ist Ausgangspunkt für Boddenrundfahrten.

Zeesboot-Regatta
Mehrmals im Jahr – im Juli in Wustrow und im September in Bodstedt, Ahrenshoop und Dierhagen – finden auf den Boddengewässern Zeesboot-Regatten statt. Sie bieten die seltene Gelegenheit, viele Exemplare dieses originellen Bootstyps versammelt zu sehen. Einige von ihnen sind restaurierte Originale aus der alten Zeit, andere wurden in der ursprünglichen Form neu gebaut und mit der traditionellen Takelage ausgestattet.
Zeesboote – auch Zeesenboote genannt – entstanden im 19. Jahrhundert an der vorpommerschen Küste zwischen Rügen, Greifswald, Stralsund und Barth. Man betrieb mit ihnen Schleppnetzfischerei. Von der Zeese, einem etwa 25 Meter langen Grundschleppnetz, hat dieses Fischerboot seinen Namen erhalten.

Zeittafel
ca. 7000 Jahre v. Chr. Rascher Anstieg des Meeresspiegels (Litorina-Transgression). Dabei dringt die Ostsee in ihr heutiges Küstengebiet vor und überflutet alle niedrig liegenden Gebiete. Die höher gelegenen Teile werden zu Inseln. Entstehung der Bodden.
Zwischen 3000 und 800 Jahren v. Chr. Bildung der Ausgleichsküste durch Verlandungen. Die dem Meer ausgesetzten Stellen der Inselkerne werden abgetragen. Das gelöste Material lagert sich an anderen Stellen als Sandhaken und Nehrungen ab.
1235 Erste urkundliche Erwähnung von Wustrow als Besitz des Klosters Dünamünde.
bis kurz vor 1400 Das Fischland ist noch eine Insel. Der Wustrower Kanal, zugleich der südliche Mündungsarm der Recknitz, ist bis Ende des 14. Jh. schiffbar; dann wird er durch Versenkung von Schiffswracks künstlich geschlossen.
Mitte des 14. Jh. Bau der alten Wustrower Kirche. Sie ersetzt ein noch älteres Kirchlein, das an gleicher Stelle gestanden hat und vermutlich Ende des 12. Jh. errichtet wurde.
1328–1669 Das Fischland ist im Besitz des Klarissinnen-Klosters von Ribnitz, das 1324 gegründet wurde.
Um 1390 Bogislaw VI. lässt bei Ahrenshoop ein Kastell bauen, das im Jahre 1395 von den Rostockern zerstört wird. Der sogenannte „Darßer Kanal", die nördliche Recknitzmündung, die dort in die Ostsee mündet, ist aber bis mindestens 1455 noch schiffbar. Später versandet diese Öffnung.
1625 Eine der größten Sturmfluten. Das Straminker Tief entsteht. Durchbruch bei Ahrenshoop, der aber bis 1650 wieder versandet.
1648–1815 Darß unter schwedischer Krone.
1696 Darß kartografiert von Olof Spaak, einem schwedischen Landvermesser. Entstehung der Matrikelkarte.
1715–1720 Große Teile des Darßer Waldes werden von Dänen abgeholzt.
1726–1728 Bau der jetzigen Seemanns-Kirche von Prerow.
1846 Gründung der „Großherzoglichen Navigationsschule" von Wustrow.
1869 Die alte Wustrower Kirche wird abgerissen. Im Zusammenhang mit dieser Arbeit wird der Wall untersucht, auf dem sie gestanden hat und auf dem in slawischer Zeit ein Tempel gestanden haben soll.
1870–1873 Jetzige Wustrower Kirche erbaut.
1872 Schwere Sturmflut. Durchbruch an der Perminbucht südlich von Wustrow.
1874 Als Folge der Sturmflut von 1872 wird die Mündung des Prerowstroms künstlich geschlossen und eingedeicht.
1875–1876 Bau des Seedeiches auf den Ribnitzer Stadtwiesen.
1882 Der mecklenburgische Maler Carl Malchin malt in Ahrenshoop.

1889 Professor Paul Müller-Kaempff besucht mit dem Tiermaler Oskar Frenzel Ahrenshoop.
1892 Paul Müller-Kaempff sowie Anna Gerresheim bauen sich Wohnhäuser in Ahrenshoop.
1892–1893 Bau des Hotels „Bogislaw" in Ahrenshoop. Dabei wird die jetzige Dorfstraße angelegt.
1894 Elisabeth von Eicken lässt sich in Ahrenshoop nieder. Paul Müller-Kaempff eröffnet seine Malschule „Haus Lukas".
1895 Fritz Grebe, Friedrich Wachenhusen, Hugo Richter-Lefensdorf und Martin Körte bauen Wohnhäuser in Ahrenshoop.
1904 In Ahrenshoop stirbt Hugo Richter-Lefensdorf.

Seit 1993 hat das Ostseebad Wustrow wieder eine Seebrücke. Mit der Länge von 240 Metern stellt sie eine stolzere Anlage dar als der Landesteg in früherer Zeit. Auch Prerow und Zingst ließen es sich nicht nehmen, für ihre Gäste eine neue Seebrücke zu bauen.

1909 Bau des Kunstkatens in Ahrenshoop.
1910 Nebelstation südlich von Wustrow errichtet.
1910 Eröffnung der Darßer Eisenbahnlinie. Dazu heißt es in einer Veröffentlichung: „Am 1. Dezember 1910 wird die normalspurige Bahnstrecke Barth–Prerow als Nebenbahn mit den Bahnhöfen Tannenheim, Pruchten, Bresewitz, Zingst und Prerow für den Personen-, Güter- und Gepäckverkehr sowie die Abfertigung von Leichen und lebenden Tieren eröffnet."
1918 Ahrenshooper Kunstkaten geht in fremde Hände über.
1925 Alfred Partikel baut in Ahrenshoop.
1926 Elektrisches Licht in Wustrow.
1929 Bau der Fischlandchaussee nach Wustrow.
1930 Gerhart Hauptmann in Ahrenshoop.
1945 Demontage der Darßer Eisenbahn.
1946 Kulturbund pflegt künstlerische Tradition Ahrenshoops. Im Kunstkaten finden wieder Ausstellungen statt.
1950 Die Boddendörfer Alt- und Niehagen werden der Gemeinde Ahrenshoop eingegliedert.
1956 Fritz Koch-Gotha in Ahrenshoop-Althagen und Erich Theodor Holtz in Wustrow gestorben.
1956–1958 Bau des Seedeichs Ahrenshoop–Rehberge.
1957 Weststrand, Darßer Ort und Hohe Düne bei Pramort werden zu Naturschutzgebieten erklärt.
1959 Straßenverbindung Ahrenshoop–Born wird fertiggestellt. Bau der Wasserleitung in Ahrenshoop.
September 1990 Als Bestandteil des deutschen Einigungsvertrages, der am 3. Oktober 1990 in Kraft tritt, wird die Gründung des Nationalparks „Vorpommersche Boddenlandschaft" beschlossen.

Zingst
Die Gemeinde entstand im Jahre 1823 durch Zusammenschluss der beiden Dörfer Hanshagen und Pahlen. Ehemals ein alter Fischer- und Seefahrerort, entwickelte sich Zingst seit Ende des 19. Jahrhunderts zu einem bekannten Ostseebad, das wegen seiner kilometerlangen feinsandigen Strände und dem reichhaltigen Angebot an Wandermöglichkeiten nach wie vor sehr beliebt ist. Zingst hat einen kleinen Hafen an der Boddenseite. Es werden Schiffsausflüge nach Hiddensee und Rundfahrten über den Bodden angeboten
Eines der noch gut erhaltenen ehemaligen Kapitänshäuser ist das „Haus Morgensonne" in der Strandstraße 1. Darin ist heute ein hübsches Heimatmuseum untergebracht, das einen Einblick in die Lebens- und Arbeitsbedingungen der Zingster Schiffer gewährt. Ein Raum ist dem Andenken der Heimatdichterin Martha Müller-Grählert (1876–1939) gewidmet. Auch die Dorfkirche, 1860 bis 1862 im neugotischen Stil nach einem Entwurf des Schinkelschülers Friedrich August Stüler gebaut, lohnt einen Besuch. Auf dem angrenzenden Friedhof findet man neben dem freistehenden Glockenstuhl das Grab von Martha Müller-Grählert.

N
OSTSEE
Pramort
Zingst
Sundische Wiesen
Große Wiek
Osterwald
Ostseeheilbad Zingst
Müggenburg
Kleine Wiek
Grabow
Große Kirr
Klein Kirr
Oie
Ostseebad Prerow
Nordstrand
Darßer Ort
Neudarß
g-Gestell
k-Gestell
Weststrand
Darß
Wieck
Barther Bodden
Bodstedter Bodden
Barth
Altdarß
Ibenhorst
Born
Fuhlendorf
NSG
Ostseebad Ahrenshoop
Saaler Bodden
Löbnitz
Fischland
Ostseebad Wustrow
Ostseebad Dierhagen
N
Hiddensee
Prerow
Zingst
Zingst
Darß
Wieck
Groß Mohrdorf
OSTSEE
Ahrens-hoop
Born
Kramer-hof
Barth
Wustrow
Fuhlendorf
Groß Kordshagen
Fischland
96
Niepars
105
Bartels-hagen II
Löbnitz
Dierhagen
105
STRALSUND
Ribnitz-Damgarten
Velgast
Graal-Müritz
194
96
Ahrenshagen
Klocken-hagen
Richten-berg
Peters-dorf
Raven-horst
Abts-hagen
Elmen-horst
Blanken-hagen
Franz-burg
Rövers-hagen
ROSTOCK
Gresen-horst
Marlow
19
Bentwisch
Bad Sülze
Gremersdorf
Grimmen